Super ET Opera viva

© 2014 Giulio Einaudi editore s.p.a., Torino

www.einaudi.it

ISBN 978-88-06-21489-0

Massimo Recalcati
L'ora di lezione
Per un'erotica dell'insegnamento

Einaudi

Alla maestra Raffaella Cenni
che ha saputo amare chi impara

L'ora di lezione

«Accendere il desiderio».

RICCARDO MASSA

Introduzione

Non respira, non conta piú nulla, arranca, è povera, marginalizzata, i suoi edifici crollano, i suoi insegnanti sono umiliati, frustrati, scherniti, i suoi alunni non studiano, sono distratti o violenti, difesi dalle loro famiglie, capricciosi e scurrili, la sua nobile tradizione è decaduta senza scampo. È delusa, afflitta, depressa, non riconosciuta, colpevolizzata, ignorata, violentata dai nostri governanti che hanno cinicamente tagliato le sue risorse e non credono piú nell'importanza della cultura e della formazione che essa deve difendere e trasmettere. È già morta? È ancora viva? Sopravvive? Serve ancora a qualcosa oppure è destinata a essere un residuo di un tempo oramai esaurito? È questo il ritratto smarrito della nostra Scuola.

Abbiamo conosciuto un tempo dove bastava che un insegnante entrasse in classe per far calare il silenzio. Era lo stesso tempo dove era sufficiente che un padre alzasse il tono della voce per incutere nei suoi figli un rispetto misto a timore. La parola dell'insegnante come quella del *pater familias* appariva una parola dotata di peso simbolico e di autorità a prescindere dai contenuti che sapeva trasmettere. Era la potenza della tradizione che la garantiva. La parola di un insegnante e di un padre acquistava uno spessore simbolico non tanto a partire dai suoi enunciati ma dal punto di enunciazione dal quale essi scaturivano. Il ruolo simbolico prevaleva su chi realmente lo incarnava piú o meno difettosamente. Questo non impediva che le teste degli allievi cadessero sui banchi e che i loro sguardi vagassero annoiati nel vuoto, o che i figli lasciassero immediatamente uscire dalle loro orecchie le parole senza appello dei padri.

Ebbene questo tempo è finito, defunto, irreversibilmente alle nostre spalle. Non bisogna rimpiangerlo, non bisogna avere nostalgia della voce severa del maestro, né dello sguardo feroce del padre. Se il nostro tempo è il tempo della dissoluzione della potenza della tradizione, se è il tempo dove il padre è evaporato, nessun insegnante può piú vivere di rendita. Quando un insegnante entra in aula (o quando un padre prende la parola in famiglia), deve ogni volta guadagnare il silenzio che onora la sua parola, non potendosi piú appoggiare sulla forza della tradizione – che nel frattempo si è sbriciolata – ma facendo appello alla sola forza dei suoi atti. Ogni volta che un insegnante entra in classe si deve confrontare con la propria solitudine, con un vuoto di senso entro il quale è costretto a misurare la propria parola. Lo stesso accade nelle famiglie dove l'autorità della parola del padre non si trasmette piú come un dato di natura, ma deve essere ogni volta riconquistata dai piedi.

È la cifra fondamentale del nostro tempo: nell'epoca dell'indebolimento generalizzato di ogni autorità simbolica è ancora possibile una parola degna di rispetto? Cosa può restare della parola di un insegnante o di un padre nel tempo della loro evaporazione? La pratica dell'insegnamento può accontentarsi di essere ridotta alla trasmissione di informazioni – o, come si preferisce dire, di competenze – o deve mantenere vivo il rapporto erotico del soggetto con il sapere?

È un bivio culturale con il quale siamo confrontati. Ma per scegliere la via dell'erotizzazione del sapere occorre che l'insegnante sappia preservare il giusto posto dell'impossibile. È il tratto che contrassegna ogni trasmissione autentica: la trasmissione del sapere di cui la Scuola si incarica a ogni livello, dalle scuole elementari sino a quelle post-universitarie, non è la chiarificazione dell'esistenza o la riduzione della verità a una somma di informazioni, ma la messa in evidenza di come ruoti attorno a un impossibile da trasmettere. Il maestro non è colui che possiede il sapere, ma colui che sa entrare in un rapporto singolare con l'impossibilità che attraversa il sapere, che è *l'impossibilità di sapere tutto il sapere*. Non perché non esista una Biblioteca delle Biblioteche capace di raccogliere tutto il sapere, ma perché, anche se esistesse e se leggessimo ogni suo libro, non avremmo affatto risolto il limite che attraversa il sapere come tale. Il sapere non si può mai sapere tutto perché è per sua struttura bucato, non-tutto, impossibile. Uno scarto irriducibile lo separa dal reale della vita. Si deve dire allora che un insegnamento ha come tratto distintivo il confronto con il limite del sapere attraverso il sapere, mentre il maestro che mostra di possedere il sapere può essere solo una caricatura risibile del sapere.

Di qui la centralità che assume lo stile. Ogni insegnante insegna a partire da uno stile che lo contraddistingue. Non si tratta di tecnica né di metodo. Lo stile è il rapporto che l'insegnante sa stabilire con ciò che insegna a partire dalla singolarità della sua esistenza e del suo desiderio di sapere. La tesi principale di questo libro è che quel che resta della Scuola è la funzione insostituibile dell'insegnante. Questa funzione è quella di aprire il soggetto alla cultura come luogo di «umanizzazione della vita», è quella di rendere possibile l'incontro con la dimensione erotica del sapere.

Mi è capitato qualche anno fa di voler continuare a insegnare mentre venivo interrotto in aula dagli studenti che protestavano (giustamente) contro la legge Gelmini. Condividevo le loro ragioni, ma non potevo e non volevo perdere la mia ora di lezione perché non avrei potuto recuperarla. Ho parlato francamente ai miei interlocutori mentre ironizzavano su quale importanza potesse mai avere un'ora di lezione di fronte allo sfascio generale dell'Università che la legge Gelmini avrebbe provocato. Avevano ragione, ma non ho smesso per questo di sostenere le mie ragioni. Pensavo che non si potesse ironizzare sul peso che un'ora di lezione può avere per la vita di uno studente. Volevo proseguire nella mia lezione – che, come al solito, avevo preparato con cura – perché un'ora di lezione non è mai robetta, non è lo scorrere di un tempo nato già morto, non è un automatismo svuotato di senso, non è routine senza desiderio, come invece sembrava pensassero i miei interlocutori.

Questo, piuttosto, è l'automatismo, il morbo della Scuola, è la patologia propria del discorso dell'Università che ricicla un sapere che tende anonimamente alla ripetizione annullando la sorpresa, l'imprevisto, il non ancora sentito e il non ancora conosciuto, rendendo impossibile l'evento della parola. È uno dei nemici acerrimi del lavoro dell'insegnante: la tendenza al riciclo e alla riproduzione di un sapere sempre uguale a se stesso. È lo spettro che sovrasta e può condizionare mortalmente questo mestiere: adagiarsi sul già fatto, sul già detto, sul già visto, ridurre l'amore per il sapere a pura amministrazione di un sapere che non riserva piú alcuna sorpresa. A quel punto non c'è trasmissione di una conoscenza viva ma burocrazia intellettuale, parassitismo, noia, plagio, conformismo. Un sapere di questo genere non può essere assimilato senza generare un effetto di soffocamento, anoressia intellettuale, disgusto. Ma la Scuola non è innanzitutto questo. Cercano di mostrarlo quotidianamente insegnanti a qualunque livello operino: il vero cuore della Scuola è fatto di ore di lezione che possono essere avventure, incontri, esperienze intellettuali ed emotive profonde. Perché quello che resta della Scuola, nel tempo della sua evaporazione, è la bellezza dell'ora di lezione. Questa è stata per me la Scuola e questo mi ha salvato. Per questo di fronte ai giovani che protestavano ho voluto continuare a insegnare e l'ho fatto per onorare tutti i maestri che mi hanno insegnato che un'ora di lezione può sempre aprire un mondo, può sempre essere il tempo di un vero incontro.

Oggi segnaliamo una crisi senza precedenti del discorso educativo. Le famiglie appaiono come turaccioli sulle onde di una società che ha smarrito il significato virtuoso e paziente della formazione, rimpiazzandolo con l'illusione di carriere prive di sacrificio, rapide e, soprattutto, economicamente gratificanti. Come può una famiglia dare senso alla rinuncia se tutto fuori dai suoi confini sospinge verso il rifiuto di ogni forma di rinuncia? Per questa ragione di fondo la Scuola viene invocata dalle famiglie come un'istituzione «paterna», che può separare i nostri figli dall'ipnosi telematica o televisiva in cui sono immersi, dal torpore del godimento «incestuoso», per risvegliarli al mondo. Ma anche come un'istituzione capace di preservare l'importanza dei libri in quanto oggetti irriducibili alle merci, oggetti capaci di fare esistere *nuovi mondi*.

Capissero almeno questo i suoi censori implacabili!

Capissero che sono innanzitutto i libri – e i mondi che ci aprono – a ostacolare la via a quel godimento mortale che sospinge i nostri giovani verso la dissipazione della vita (tossicomania, bulimia, anoressia, depressione, violenza, alcolismo, ecc.). Lo sapeva bene Freud quando riteneva che solo la cultura poteva difendere la Civiltà dalla spinta alla distruzione animata dalla pulsione di morte. La Scuola contribuisce a fare esistere il mondo perché un insegnamento, in particolare quello che accompagna la crescita (la cosiddetta «Scuola dell'obbligo»), non si misura dalla somma nozionistica delle informazioni che dispensa, ma dalla sua capacità di rendere disponibile la *cultura come un nuovo mondo*, un altro mondo rispetto a quello di cui si nutre il legame familiare. Quando questo mondo, il nuovo mondo della cultura, non esiste o il suo accesso viene sbarrato, come faceva notare il Pasolini luterano, c'è solo *cultura senza mondo*, dunque *cultura di morte*, *cultura della droga*.

Se tutto sospinge i nostri giovani verso l'assenza di mondo, verso il ritiro autistico, verso la coltivazione di mondi isolati (tecnologici, virtuali, sintomatici), la Scuola è ancora ciò che salvaguarda l'umano, l'incontro, le relazioni, gli scambi, le amicizie, le scoperte intellettuali, l'eros. Un bravo insegnante non è forse quello che sa fare esistere nuovi mondi? Non è quello che crede ancora che un'ora di lezione possa cambiare la vita?

Milano, luglio 2014.

Capitolo primo

La Scuola smarrita

Il nuovo volto della Scuola.

Il nostro tempo segnala una crisi diffusa del discorso educativo. La Scuola non è piú il luogo da dove si irradiano il controllo e l'estorsione manipolatoria del consenso, non è piú la punta sottile di un sistema disciplinare che agisce come una microfisica del potere in grado di fabbricare vite ordinate secondo un rigido ideale normativo. Dopo la grande contestazione del '68 la Scuola non agisce sorvegliando e gerarchizzando dall'alto un ordine che struttura una recinzione monastica e repressiva degli spazi comuni. La sua azione pedagogica non si esprime attraverso la violenza sadica del giudizio e della discriminazione sociale bruta. La sua esistenza non può piú essere inscritta di diritto nella serie delle istituzioni totali (il carcere, l'esercito, l'ospedale).

La Scuola non è piú un apparato ideologico dello Stato con la missione di realizzare un intruppamento ideologico del consenso. Il suo prestigio simbolico si è indebolito, afflosciato, la sua massa è divenuta molle. I suoi edifici si sgretolano, i suoi insegnanti vengono umiliati socialmente ed economicamente. Il suo dispositivo non è piú disciplinare, ma, casomai, «indisciplinare»[1], capace solo di autorizzare un rigetto crescente delle

---

[1] Sul passaggio dal dispositivo disciplinare al dispositivo indisciplinare, cfr. le acute osservazioni di G. Bottiroli, *Non sorvegliati e impuniti*, in M. Recalcati (a cura di), *Forme contemporanee del totalitarismo*, Bollati Boringhieri, Torino 2007, pp. 118-40.

norme, che può raggiungere i vertici paradossali della sospensione didattica degli allievi con «obbligo di frequenza» (*sic!*)

Il tempo della Scuola non è piú quello che la eleggeva come agente ideologico fondamentale nella trasmissione di una cultura di regime, ma quello di un'istituzione smarrita che si vede per un verso soppiantata nella sua funzione sociale, per l'altro sempre piú investita di compiti che trascendono tale funzione. Il problema della Scuola oggi non è la sua faccia feroce che la assimila a un carcere, ma il fatto che non appare piú decisiva nella formazione degli individui[2]. Lo ricorda molto puntualmente Giovanni Bottiroli:

> Lungi dall'essere un apparato di Stato con una funzione di conformità, la scuola è diventata oggi il luogo in cui immense potenzialità di trasformazione vengono dissipate. Le cause sono molteplici, naturalmente; ad esempio, la mediocrità di molti insegnanti, mummificati dalla routine e impigriti dal garantismo, non va assolutamente trascurata [...]. La svolta è avvenuta nel 1968 e negli anni immediatamente successivi: il passaggio alla scuola di massa (non vorrei essere frainteso) ha rappresentato un grande evento democratico, ma soltanto sul piano delle potenzialità. L'attenuarsi dei meccanismi selettivi e la scomparsa di ogni tipo di sanzione nei confronti di chi ostacolava, con un comportamento non disciplinato, i processi formativi individuali e di gruppo, hanno trasformato l'istituzione-scuola in un contenitore sterile, in un luogo di punizione, e in ogni caso di immensa frustrazione[3].

Il problema della Scuola oggi non è la sua inclinazione fascisteggiante, non è lo sguardo panottico del sorvegliante che individua e reprime, punendo le differenze soggettive dall'ideale normativo che si esige di riprodurre, quanto piuttosto la sua drammatica evaporazione, il suo rischio di estinzione. È lo stesso processo

---

[2] La filiazione della Scuola moderna dal regime carcerario è una tesi sviluppata in M. Foucault, *Sorvegliare e punire*, Einaudi, Torino 1976.
[3] G. Bottiroli, *Non sorvegliati e impuniti* cit., p. 136.

che ha investito la figura paterna, di cui ho lungamente parlato altrove[4].

Lo sanno bene gli insegnanti che si trovano per un verso screditati, messi al margine della società, umiliati economicamente e professionalmente e, nello stesso tempo, convocati paradossalmente a esercitare sempre piú la funzione di supplenti di un discorso educativo che sembra non aver piú sostegno né nelle famiglie né nelle istituzioni. Il volto ipermoderno della Scuola non assomiglia per nulla a quello di un tribunale morale che deve sentenziare sui destini dei giovani, ma pare piú simile a quello che Pasolini ha definito «il nuovo fascismo della società dei consumi»; è un volto che perde i suoi contorni, impalpabile, assente, abitato non dallo sguardo sempre aperto del Grande Fratello ma dagli occhi vuoti di un soggetto depresso.

La crisi del discorso educativo non è solo crisi del potere disciplinare nel processo della formazione, ma è soprattutto crisi del senso stesso e, piú fondamentale, di quel processo che si vuole definire «educazione» e che Françoise Dolto propone di chiamare piú estesamente «umanizzazione della vita», da cui dipende il nostro poter diventare soggetti.

È un fatto: l'iperedonismo che orienta il discorso del capitalista autorizza a rendere la parola «educazione» un ferro vecchio dell'epoca ideologica, destinato a essere archiviato senza nostalgia. La Scuola rischia di non essere piú il luogo pubblico della formazione degli in-

---

[4] Cfr. M. Recalcati, *Cosa resta del padre? Meditazione sulla paternità nell'epoca ipermoderna*, Raffaello Cortina, Milano 2011; Id., *Il complesso di Telemaco. Genitori e figli dopo il tramonto del padre*, Feltrinelli, Milano 2013; Id., *Patria senza padri. Psicopatologia della politica italiana*, minimum fax, Roma 2013. Una ripresa originale di queste mie osservazioni sull'evaporazione del padre applicate al mondo della scuola si trova in A. Bajani, *La scuola non serve a niente*, Laterza, Roma-Bari 2014, pp. 38-44.

dividui, la quale viene invece filtrata e organizzata in
altri luoghi (la televisione, internet), al di fuori dal campo della cultura, lasciata in balia delle illusioni di cui si
nutre il discorso del capitalista.

Il problema della Scuola nel nostro tempo è che del
suo compito educativo resta solo una carcassa svuotata di ogni linfa vitale, poiché la fabbricazione della vita
avviene nel regime piú esteso di un totalitarismo che si
esprime attraverso il potere ipnotico-seduttivo dell'oggetto di godimento offerto illimitatamente dal merca-
to, a portata immediata di corpo. È una mutazione an-
tropologica profonda prodotta dal «nuovo fascismo»:

> Questo nuovo fascismo, questa società dei consumi [...] ha profon-
> damente trasformato i giovani, li ha toccati nell'intimo, ha dato loro
> altri sentimenti, altri modi di pensare, di vivere, altri modelli cultura-
> li. Non si tratta piú, come all'epoca mussoliniana, di una irreggimen-
> tazione superficiale, scenografica, ma di una irreggimentazione reale
> che ha rubato e cambiato loro l'anima. Il che significa, in definitiva,
> che questa «civiltà dei consumi» è una civiltà dittatoriale. Insomma
> se la parola fascismo significa prepotenza del potere, la «società dei
> consumi» ha bene realizzato il fascismo[5].

La «scuola delle tre i» (impresa, informatica, inglese), sbandierata qualche anno fa come un'innovazione
al passo coi tempi da un ministro della Repubblica, non
agisce in nome di una pedagogia fascista che pretende
di dare una forma morale e ideologica alla vita, ma in
nome di una pedagogia neoliberale che riduce la Scuola
a un'azienda che mira a produrre competenze efficienti adeguate al proprio sistema. Si sacrifica volentieri
ogni riferimento alla pratica educativa per enfatizza-
re un principio di prestazione (o una «filosofia» delle
competenze[6]), elevato alla dignità dell'Ideale dell'Io. La

---

[5] P. P. Pasolini, *Fascista*, in *Scritti corsari*, Garzanti, Milano 1977, p. 286.
[6] Su questa «nuova» filosofia e su tutti i suoi limiti cfr. l'importante fascicolo

Scuola neoliberale esalta l'acquisizione delle competenze e il primato del fare, e sopprime, o relega in un angolo stretto, ogni forma di sapere non legato con evidenza al dominio pragmatico di una produttività concepita in termini solo economicistici (per esempio, la filosofia o la storia dell'arte alle superiori). Garantire l'efficienza della performance cognitiva è divenuta un'esigenza prioritaria che risucchia le nicchie necessarie del tempo morto, della pausa, della deviazione, dello sbandamento, del fallimento, della crisi, che invece, come sanno bene non solo gli psicoanalisti, costituiscono il cuore di ogni autentico processo di formazione.

Viti storte o computer.

L'importanza di questa trasformazione non deve sfuggire: non è piú la Scuola a essere fascista e autoritaria, strumento asservito a un potere che sorveglia sulla riproduzione di se stesso, ma è il discorso sociale che assomiglia sempre piú a un totalitarismo soft, narcotizzante o eccitante, che riduce il pensiero critico sfruttando la funzione ipnotica esercitata dagli oggetti di godimento che hanno invaso le vite dei nostri giovani. Allo stesso modo l'angoscia non abita piú gli studenti tremanti di fronte al capriccio sadico degli insegnanti, ma il corpo stesso degli insegnanti che, di fronte allo svuotamento di senso che ha travolto la Scuola, si trova a rispondere a compiti sempre piú impossibili (educare, curare, governare). Non è casuale che di fronte all'inattività e

---

358 di «aut aut»: B. Bonato (a cura di), *La scuola impossibile*, Il Saggiatore, Milano 2013 (in particolare, B. Bonato, *Senso e non senso della competizione*, pp. 3-26, e E. Greblo, *La fabbrica delle competenze*, pp. 117-31).

alla liquefazione dell'Altro simbolico – dell'istituzione della Scuola –, l'iperattivismo si manifesti come una patologia scolastica diffusa, ma piú in generale come una delle patologie paradigmatiche del discorso del capitalista: l'evaporazione dell'Altro istituzionale promuove l'iperattività eccitatoria e mortifera di un individuo che non conosce piú argini simbolici[7].

Il fascismo emigra dalla Scuola alla società, l'angoscia dagli studenti si trasferisce sugli insegnanti, con la conseguenza principale che il modello dell'apprendimento non è piú quello rigidamente disciplinare che assimilava il potere al sapere nel nome di un Ideale garantito dall'*automaton* del grande Altro della tradizione. Quel modello morale della formazione, il cui paradigma possiamo ricavare dalla celebre metafora botanica secondo cui gli allievi sarebbero viti storte che necessitano di pali dritti e di fili di ferro robusti per essere raddrizzate e divenire conformi a un ideale di giusta normalità, è esaurito, morto, evaporato.

Prevale oggi un modello ipercognitivista che vorrebbe emanciparsi completamente da ogni preoccupazione valoriale, per rafforzare le competenze a risolvere i problemi piuttosto che a saperseli porre. La metafora piú adeguata non è piú botanica ma informatica. In gioco non sono piú le viti storte da raddrizzare ma le informazioni da immagazzinare: le teste funzionano come computer, come mappe cognitive che esigono un puntuale aggiornamento. Il sapere si estende orizzontalmente e perde ogni verticalità. Si tratta semplicemente di caricare piú *files* possibili secondo il principio utilitaristico del mas-

---

[7] Cfr. U. Zuccardi Merli, *Non riesco a fermarmi. 15 risposte sul bambino iperattivo*, Bruno Mondadori, Milano 2012; F. Tognassi e U. Zuccardi Merli (a cura di), *Il bambino iperattivo. Dalla teoria alle pratiche della cura*, Franco Angeli, Milano 2010.

simo beneficio ottenuto con il minimo sforzo. Mentre la metafora botanica connotava un modello educativo fondato sull'autorità simbolica del grande Altro della tradizione, che esigeva innanzitutto un'obbedienza di ordine morale-valoriale, quella informatica sembra invece voler liberare con risolutezza il sapere da ogni laccio assiologico. Ma quello che inesorabilmente in questo modello viene meno è il *rapporto del sapere con la vita*.

Il principio di prestazione rende l'apprendimento una gara, una «corsa a ostacoli»[8] che non può dedicare tempo sufficiente alla riflessione critica, alla necessità di imparare la possibilità stessa di imparare[9]. È quello che l'ideologia delle competenze sembra escludere facendo prevalere una concezione meramente scientista e utilitaristica del sapere.

Lacan parla dello scientismo come di un'ideologia costituita sulla «forclusione» del soggetto, dove un «linguaggio senza parole» si impone anonimamente, recidendo ogni possibilità di fare esistere l'evento della parola del soggetto, quale manifestazione della sua stortura particolare. La «forclusione» è la radice che accomuna la psicosi e lo scientismo: qualcosa viene tagliato fuori, non entra nel discorso, perde ogni diritto di cittadinanza[10]. Si tratta dell'inconscio come soggetto della parola e del desiderio, come indice di una singolarità irriducibile, di una stortura che resiste a ogni procedura ortopedica di raddrizzamento. Nello scientismo, di cui

---

[8] A. Asor Rosa, *Che condanna essere stato il primo della classe*, in «la Repubblica», 5 giugno 2012.

[9] Per Heidegger «insegnare è piú difficile dell'imparare [...] perché insegnare significa: far imparare. Chi propriamente insegna non fa imparare null'altro che questo imparare» (M. Heidegger, *Che cosa significa pensare?*, SugarCo, Milano 1978, pp. 107-8).

[10] Cfr. J. Lacan, *Funzione e campo della parola e del linguaggio in psicoanalisi*, in *Scritti*, Einaudi, Torino 1974, pp. 842-54.

l'ideologia delle competenze è un'espressione attualissi-
ma, il sapere anonimo e robotizzato dell'Altro domina
senza limiti e riduce il soggetto a un contenitore passivo, da riempire di contenuti. Nella psicosi come nello
scientismo non c'è posto per la singolarità. La stortura della vite non solo deve essere raddrizzata, ma luci-
data a nuovo e restituita alla sua efficienza. Prendere
la parola come gesto singolare con il quale l'allievo si
autorizza a manifestarsi in quanto singolarità nel processo dell'apprendimento, viene sostituito dalla verifica
dell'assimilazione passiva delle informazioni. In questo
modo il soggetto della parola viene cancellato o, come
afferma Lacan, ridotto a essere solo parlato persecuto-
riamente dal linguaggio dell'Altro.

Un mestiere impossibile.

Possiamo oggi misurare la crisi del discorso educativo e il suo rischio di estinzione. La Legge pazza e perversa del «perché no?» sembra rendere vani gli sforzi
degli educatori. Questa Legge alimenta un culto del godimento del tutto sganciato dal desiderio che si rivela
fatalmente distruttivo: «Perché no?» «Perché non godere sino alla morte, sino alla dissipazione della vita?»
«Perché non godere al di là di ogni Legge?»

Per contrastare il dominio di questa versione perversa della Legge, si deve riuscire a tenere viva un'altra domanda: se l'esperienza del limite è divenuta priva
di senso, come reintrodurre in ogni processo di formazione la funzione traumatica ma beneficamente positiva
di quell'esperienza?

Nel tempo del massimo rischio di estinzione del discorso educativo, nel tempo dove la vita è ipnotizzata dalla sirena di un godimento autistico, non possiamo non sforzarci ancora di mettere in rilievo l'importanza irrinunciabile di questo discorso. Proprio quando il deserto cresce, come dice Nietzsche ripreso da Heidegger, proprio nell'epoca della desertificazione assoluta del discorso educativo, l'assenza di questo discorso brilla come non mai rivelando la necessità di preservare la sua esistenza tra noi. Il nostro tempo sembra essere figlio di una collusione terribile, anche se involontaria, tra la spinta rivoluzionaria-libertaria sorta dalle istanze critiche piú che legittime del '68 e quella del neoliberismo forsennato, del capitalismo finanziario protagonista dell'attuale crisi. Entrambe queste linee di tendenza, come se fossero un'atroce parodia delle «macchine desideranti» teorizzate nell'*Anti-Edipo* di Deleuze e Guattari, sostengono l'idea, ferocemente antieducativa, che tutto è possibile, che la vita è una potenza autoaffermativa che non necessita di nessuna Legge se non quella della propria stessa potenza. Contro questa deriva un'istituzione come la Scuola deve provare a tener ferma la centralità del discorso educativo, deve resistere alla sirena perversa del: «Perché no?»

Ma per farlo occorre innanzitutto riattribuire la giusta dignità alla figura dell'impossibile. Non a caso, com'è noto, Freud definisce lo psicoanalizzare, il governare e l'educare come tre professioni egualmente impossibili, ovvero tre mestieri in stretto rapporto col reale (ricordiamo che per Lacan il reale non è la realtà, ma è per definizione l'impossibile)[11].

----

[11] Anche il politico ha un rapporto stretto con l'impossibile. Come si costruisce una Comunità umana a partire dall'esilio dal godimento incestuoso? Come si costruisce una Comunità che abbia a suo fondamento non il mito fascista e di certo

Cosa significa? L'impossibile è un nome dell'incontro traumatico con il limite che l'esperienza del linguaggio rende possibile. L'esistenza del linguaggio separa l'essere umano da un godimento senza bordi e senza perdita, imponendo a coloro che abitano il suo orizzonte il lutto della Cosa del godimento, il lutto del godimento mortale e incestuoso. Di qui, dall'incontro traumatico con l'esperienza dell'esilio dalla Cosa provocata dal linguaggio, scaturisce la possibilità per la vita umana di trovare nuove forme di soddisfazione sganciate dall'ombra del godimento incestuoso. È la funzione che la psicoanalisi attribuisce classicamente al cosiddetto «complesso di Edipo»: gli oggetti familiari sono colpiti dall'interdetto della Legge affinché la vita del soggetto vada verso altri mondi e altri investimenti libidici. Diversamente da quello che pensano Deleuze e Guattari, l'Edipo freudiano non attiva una procedura fascista e paranoica di recinzione repressiva del desiderio, ma la libera concatenandola in legami sociali piú vasti. Di fronte all'interdetto simbolico della Legge che confronta la vita umana con il muro dell'impossibile, la pulsione non può piú cortocircuitare con gli oggetti familiari, ma è obbligata a navigare all'esterno della famiglia per trovare forme di soddisfazione non incestuose e aperte allo scambio sociale. In questo senso ampio, l'educazione non va mai confusa con la repressione o con l'imbrigliamento di-

cattolicesimo della «comunione», del fare Uno, ma l'esperienza della solitudine? Come diventa possibile costruire una Comunità sullo sfondo dell'impossibilità del rapporto sessuale, cioè del fare e dell'essere Uno con l'altro, quindi sulla solitudine evitando però che le solitudini, come direbbe Deleuze, si molecolarizzino e diventino ciascuna anarchica, ciascuna come pura volontà di godimento fine a se stesso? Questa domanda di per sé contiene già un paradosso: affinché vi sia Comunità senza irreggimentazione paranoica e fascista e senza dispersione anarcoide, essa non può che essere praticata a partire dall'esilio e dalla separazione in cui l'esistenza del linguaggio getta la vita umana. Su questi temi, cfr. J. Alémán, *Soledad: Común. Políticas en Lacan*, Capital Intelectual, Buenos Aires 2012.

sciplinare della pulsione, ma agisce piuttosto come una nuova canalizzazione della forza pulsionale che non si accontenta piú del circuito già conosciuto del familiare, ma che esige altre e inedite aperture.

La Scuola e i suoi complessi.

Com'è stata possibile questa crisi profonda che ha investito il mondo della Scuola? Per rispondere, possiamo chiamare in causa il concetto di «complesso».

Il «complesso», in psicoanalisi, è un organizzatore inconscio che orienta e dirige la vita dei soggetti (vedi il «complesso edipico»), ma anche quella dei gruppi e delle istituzioni. Per quanto riguarda la Scuola possiamo isolare tre complessi che fanno riferimento a tre grandi figure della mitologia: il complesso di Edipo, il complesso di Narciso e il complesso di Telemaco[12].

Questi tre complessi si possono leggere sia diacronicamente che sincronicamente. Diacronicamente: c'è stata una Scuola in cui dominava il complesso di Edipo che si è dissolta sotto i colpi delle grandi contestazioni del '68 e del '77. In seguito, si è affermato il complesso di Narciso che ha caratterizzato la Scuola sino ai giorni nostri. Infine, si può pensare a un'altra Scuola – che ci auguriamo sia quella dell'avvenire – in cui a orientare l'istituzione sarà il complesso di Telemaco. Sincronicamente: nella vita della Scuola sono sempre, simultaneamente, presenti tutti e tre questi organizzatori.

---

[12] Ho utilizzato questi tre complessi per leggere recentemente il rapporto tra le generazioni nel mio *Il complesso di Telemaco* cit. A questo lavoro rinvio per numerose osservazioni fatte in questo capitolo.

La Scuola-Edipo.

Quale Scuola scaturisce dalla figura di Edipo? È una Scuola che si fonda sulla potenza della tradizione, sull'autorità del Padre, sulla fedeltà al passato. Edipo vive nel rispetto colpevole della Legge e nella sua trasgressione. In questi termini il nevrotico vive il rapporto col padre: l'idealizzazione rimuove la spinta aggressiva e parricida. Nella Scuola-Edipo il sapere che viene trasmesso esprime una fedeltà cieca nei confronti dell'autorità del passato: l'idealizzazione assume la forma della conservazione che ripete lo Stesso.

C'è stato un tempo in cui andare a scuola e pregare erano la stessa cosa. Al punto che ogni lezione iniziava con la preghiera, prima dell'appello. L'autorità dell'insegnante era garantita dalla potenza della tradizione alla quale si appoggiava: il modello pedagogico prevalente era quello correttivo-repressivo. Il rapporto tra insegnante e allievo, fortemente gerarchizzato. È la Scuola tradizionale che si caratterizza per un setting «predefinito e istituzionalizzato, cosí potente da confondersi e identificarsi con un apparato istituzionale di tipo disciplinare»[13].

Nella Scuola-Edipo l'insegnante si trova nel posto dell'autorità, è un sostituto del Padre, di una Legge fuori discussione. L'allievo, in quanto figlio, dev'essere appunto istruito e educato come fosse una cera da plasmare. Freud stesso parla di uno sfondo edipico nel rapporto tra insegnanti e allievi: nell'insegnante si trasferisce la stessa forma di soggezione idealizzante che caratterizza il rapporto del bambino coi genitori.

[13] R. Massa, *Cambiare la scuola. Educare o istruire?*, Laterza, Roma-Bari 1997, p. 85.

La Scuola-Edipo si fonda sull'alleanza tra genitori e insegnanti, ratificata innanzitutto dal fantasma dei figli-allievi che proiettano nella figura dell'insegnante i caratteri ideali e autoritari della figura genitoriale[14]. Anche la concezione dell'istituzione risponde a criteri verticali e fortemente strutturati: è un'istituzione solida, piramidale, panottica[15]. La formazione è concepita come un raddrizzamento morale e autoritario delle storture individuali e il pensiero critico è visto come un'insubordinazione illegittima all'uniformità identitaria.

È la fotografia della Scuola come istituzione disciplinare che possiamo ricavare da *The Wall* dei Pink Floyd: gli studenti sono carne trita, prodotta dai congegni repressivi di un'istituzione dall'anima fascista. L'apprendimento risponde cosí al criterio autoritario e conformistico dell'obbedienza. Il sapere trasmesso è un sapere senza soggettività, privato di singolarità, centrato sull'*auctoritas* della tradizione.

Nondimeno, nella misura in cui esiste un forte patto generazionale tra insegnanti e genitori, si innesca inevitabilmente una dimensione conflittuale tra le generazioni. Se per un verso la Scuola-Edipo genera obbedienza senza critica, uniformità senza differenza, per l'altro verso innesca fatalmente moti di conflittualità, contestazioni, attriti tra insegnanti e allievi. Edipo, infatti, nel mito, è anche la figura tragica del conflitto tra vecchia e nuova generazione: il padre non è solo temuto e rispettato, ma

---

[14] Questo è evidentissimo nella Scuola primaria, ed è una delle ragioni della sua tenuta. L'investitura fantasmatica dell'insegnante come prolungamento della genitorialità salda il patto tra le generazioni.

[15] Il ritratto piú pregnante di questa versione della scuola si trova in M. Foucault, *Sorvegliare e punire* cit., pp. 192-202. Un lucido commento, anche attraverso una riflessione sugli studi di Pierre Bourdieu, si può trovare in E. De Conciliis, *Che cosa significa insegnare?*, Cronopio, Napoli 2014, pp. 9-89.

contrastato mortalmente. All'adorazione idealizzante corrisponde anche un voto di morte inconscio. Edipo è l'eroe tragico del conflitto a morte col padre poiché il padre, in quanto simbolo della Legge, è vissuto solo come un ostacolo alla realizzazione del desiderio.

Le contestazioni del '68 e del '77 rispondono a tutti questi criteri chiaramente edipici: i figli contro i genitori, gli allievi contro gli insegnanti, il desiderio contro la Legge. Nella Scuola-Edipo, infatti, il conflitto si struttura verticalmente. Le generazioni trovano la loro iscrizione seguendo uno schema oppositivo che esclude la mediazione simbolica. In primo piano è la differenza generazionale come generatrice di conflittualità. L'ordine costituito del potere produce la tendenza alla sua sovversione in modo tale che l'opposizione tra vecchie e nuove generazioni finisce per ricalcare quella tra desiderio e principio di realtà.

Nel nome della libertà di insegnamento e della libertà di apprendimento, gli insegnanti e gli allievi, schiacciati dal peso oppressivo di una Scuola disciplinare, rivendicano, attraverso la contestazione, il loro diritto a cambiare, a trasformare, a generare del nuovo. Il conflitto può essere, infatti, generativo e non solo distruttivo. Non a caso, del conflitto si nutre ogni processo di formazione.

Dal punto di vista storico, nessuna stagione fu cosí feconda di idee di rinnovamento e di pratiche pedagogiche e didattiche come quella del '68 e, in seguito, del '77. Un vero e proprio fervore sperimentale fece irruzione nella Scuola ingessata sull'identificazione all'autorità della tradizione. Fu uno sconvolgimento di cui bisogna vedere luci e ombre, ma è innegabile che un'intensità e una vitalità inedite attraversarono l'istituzione Scuola come un vento di primavera:

> Don Milani, il femminismo, le comuni infantili, le scuole alternati-
> ve, il tempo pieno, i centri sociali, l'animazione teatrale, la psicoanalisi
> antiautoritaria, la rivoluzione sessuale, la corporeità e la psicomotrici-
> tà, il lavoro di gruppo e la ricerca di ambiente, la militanza politica, la
> pedagogia istituzionale e l'inserimento degli handicappati, l'esotismo e
> il misticismo, le iniziative extrascolastiche, il movimento studentesco
> e le aggregazioni giovanili, la denuncia della selezione scolastica e dei
> metodi tradizionali di valutazione, la critica della famiglia borghese e
> delle istituzioni totali. Un grande immaginario pedagogico ma anche
> un reticolo di pratiche, di attitudini e di esperienze educative acco-
> munate dalla speranza in un riscatto sociale e individuale, oltre che
> dal rifiuto dei modelli tradizionali. La riappropriazione a tutto campo
> del sapere pedagogico piú suggestivo e piú vitale[16].

Gli studenti e gli insegnanti che hanno animato le contestazioni del '68 e del '77 esigevano una Scuola che non agisse solo come un'istituzione disciplinare, che non fiaccasse la vita distribuendo un sapere morto. Tuttavia, l'errore consistette nel finire per sostenere una versione solo puberale della libertà. La ricchezza vitale del desiderio fu agita come un pugno contro la tirannia di una Legge interpretata solo nevroticamente come ostacolo al cammino del desiderio stesso, senza rendersi conto che Legge e desiderio sono necessariamente presi in un'articolazione simbolica: senza il desiderio la Legge si insterilisce e diviene una mummia in difesa di un sapere morto, ma senza la Legge il desiderio si frammenta e diventa puro caos.

Nel '77 non contestavamo solo gli insegnanti che ritenevano ci fosse una sola risposta al mistero delle cose, ma rigettavamo, piú radicalmente, la dimensione obbligatoria della Scuola, i suoi programmi didattici, la sua finalità che ci appariva solo ideologicamente educativa, la sua gerarchia burocratizzata, i suoi metodi di valuta-

---

[16] R. Massa, *Cambiare la scuola* cit., p. 67.

zione irrigiditi, il suo essere un dispositivo del potere finalizzato a riprodurre l'adattamento conformistico e passivo alla realtà.

Quello che ci sfuggiva era la funzione fondamentale che la Scuola è chiamata a esercitare nella formazione del soggetto e nel processo piú generale di «umanizzazione della vita». Ai nostri occhi di giovani che volevano cambiare il mondo, la Scuola era solo il luogo di una Legge ottusamente autoritaria. Il nostro presupposto libertario contrapponeva rigidamente e, dunque, in modo manicheo e fatalmente nevrotico il desiderio alla Legge. La vita del primo implicava la morte della seconda e viceversa.

La Scuola-Narciso.

A definire la Scuola nell'epoca dell'evaporazione del padre e dell'affermazione del discorso del capitalista, dopo le contestazioni del '68 e del '77, è il figlio-Narciso, una figura la cui tragedia è immensamente diversa rispetto a quella di Edipo. Se la tragedia di Edipo è la tragedia del conflitto con la Legge, del conflitto con il Padre, del conflitto dei figli con i padri, del conflitto tra le generazioni, quella di Narciso è la tragedia tutta egoica del perdersi nella propria immagine, del mondo ridotto a immagine del proprio Io. Il problema non è piú quello della liberazione collettiva del desiderio, ma quello dell'affermazione cinica di se stessi. Narciso è infatti una figura della sconnessione, dell'assenza di relazione tra l'Uno e l'Altro, della rottura del legame. Al centro non abbiamo piú la spigolosità del conflitto, ma la confusione speculare.

Questo passaggio dalla conflittualità alla specularità, dalla dissimmetria alla simmetria generazionale, coincide con il passaggio dalla connotazione solidamente gerarchica che caratterizza la Scuola-Edipo all'orizzontalità liquida della Scuola-Narciso, dove è sempre più difficile reperire la differenziazione simbolica dei ruoli. Sullo sfondo, lo sfaldamento del patto generazionale tra insegnanti e genitori. Questo patto si è rotto a causa della collusione tra il narcisismo dei figli e quello dei genitori. I genitori si alleano con i figli e lasciano gli insegnanti nella più totale solitudine, a rappresentare quel che resta della differenza generazionale e del compito educativo, a supplire alla funzione latitante del genitore, cioè a fare il genitore degli allievi.

La nuova alleanza tra genitori e figli disattiva ogni funzione educativa da parte dei genitori che si sentono più impegnati ad abbattere gli ostacoli che mettono alla prova i loro figli per garantire loro un successo nella vita senza traumi, che non a incarnare il senso simbolico della Legge. La figura di Narciso è infatti la figura che esige l'abolizione dell'ostacolo, del limite, persino della storia. La formazione si riduce al solo potenziamento del principio di prestazione che deve poter preparare i nostri figli alla gara implacabile della vita. Il fallimento non è tollerato, come non è tollerato il pensiero critico. L'assimilazione al sistema non avviene più a forza di colpi autoritari ma nello spegnimento del desiderio e della sua vocazione sovversiva[17]. La Scuola-Narciso vi-

---

[17] Molti anni fa, quando per pagare la mia analisi personale insegnavo come supplente in un liceo privato, mi accorsi che quello che gli allievi trovavano davvero scandaloso non era tanto l'insegnamento di Freud e della psicoanalisi – la teoria della sessualità o altro – ma quello di Marx. Scandalizzava un pensiero che proponeva di modificare l'assetto sociale esistente nel nome di una versione solidaristica della vita e di una difesa dei lavoratori. Scandalizzava un pensiero critico che non

ve infatti all'ombra del principio di omologazione e di una concezione efficientistica della didattica, assimilata non piú al carcere o all'ospedale ma all'azienda. La paranoia implicita nella Scuola-Edipo lascia il posto alla perversione che si annida nella Scuola-Narciso. Se la prima si polarizza sulla differenza generazionale e sulle sue dinamiche conflittuali, la seconda ha come suo primo tratto lo sfaldamento della marcatura simbolica della differenza generazionale e, di conseguenza, l'assenza di conflitto tra le generazioni e la prevalenza di un Ideale di prestazione che le accomuna indifferentemente.

Di qui la solitudine profonda del corpo insegnante. Se il passaggio dalla Scuola-Edipo alla Scuola-Narciso si caratterizza per la rottura di quella saldatura fantasmatica che collega il corpo familiare al corpo docente (per Freud l'insegnante è il prolungamento fantasmatico del genitore), nella Scuola-Narciso prevale la specularità: è la ragione per cui, come abbiamo detto, il rapporto tra le generazioni si è rotto dando luogo all'attuale confusione immaginaria tra genitori e figli che finisce per isolare il corpo docente, vissuto come corpo estraneo, come corpo nemico soprattutto quando genera frustrazione nei figli-Narcisi[18]. I figli si confondono coi padri. La dissimmetria viene meno e tutto si simmetrizza. Gli insegnanti sono tatuati come i loro allievi, alcuni si danno del tu o diventano loro amici su facebook, nessuno porta piú la cravatta, le ore di lezione sono dedicate a rincorrere un silenzio e un'attenzione che sembrano impossibili da raggiungere, gli esami all'università non possono

---

si accontentava dell'adattamento alla realtà del discorso del capitalista come unica forma di realizzazione della vita.

[18] Una mia collega, Federica Pelligra, riferendo un colloquio di un ragazzino di tredici anni con il padre, alla sua richiesta di definire quale fosse il problema del figlio, riportava queste parole del padre: «Lui si sente al centro del mondo».

superare un certo numero di pagine, i voti considerati ingiusti dai figli mobilitano le proteste accorate dei genitori, i provvedimenti disciplinari sembra facciano parte di un passato archeologico, la parola smarrisce ogni peso simbolico e viene sopraffatta da una cultura delle immagini, che tende a favorire un'acquisizione passiva e senza sforzo.

La tendenza al ritiro dai legami sociali rafforza un rapporto simbiotico con l'oggetto tecnologico e con la connessione perpetua alla rete. Se la Scuola-Edipo si regge sull'ossequioso rispetto verso le *auctoritates* e sulla loro contestazione critica, la Scuola-Narciso tende a polverizzare il libro in favore di un'enfatizzazione della tecnologia informatica, seguendo l'illusione di un sapere illimitato e disponibile senza fatica. Il dilagare post-umano delle nuove tecnologie e l'enfasi libertaria che sovente l'accompagna rischia di rendere i computer strumenti che amplificano le possibilità della conoscenza nella tentazione di fare a meno della parola, del passaggio obbligato attraverso la lingua e la sublimazione. Il rischio è quello di rendere lo schermo del proprio pc o iPad uno specchio vuoto che, anziché aprire mondi, li richiude in un'autoreferenzialità mortifera.

Anche in questo senso nella Scuola-Narciso i nostri figli sono intrappolati in una specularità che annulla la differenza. Il vuoto, la mancanza di sapere, non sono custoditi come dovrebbero: i nuovi figli vengono a sapere tutto dei loro genitori. Non c'è velo, disimmetria, impermeabilità, perché viene elusa la dimensione simbolica della differenza generazionale. Questa caduta del simbolico che garantisce la differenza tra le generazioni non indica il rifiuto edipico dei padri da parte dei figli, ma la difficoltà dei padri a essere padri; non indica l'antagonismo edipico dei figli nei confronti dei genitori, ma la difficoltà a essere genitori da parte degli adulti. Tutto allora pare essere risucchiato in un falso egualitarismo. Gli spigoli anche traumatici della differenza generazionale vengono smussati nel nome di un diritto di eguaglianza che in realtà abolisce la responsabilità degli adulti a sostenere il loro ruolo nel processo formativo dei figli.

La stessa logica investe la Scuola. Gli insegnanti faticano a incarnare la dissimmetria simbolica che implica la loro posizione. Tendono piuttosto a confondersi con i loro allievi. Il fenomeno piú rilevante e preoccupante è che in questo contesto la parola perde peso e viene ridotta a un suono privo di senso. La crisi della Scuola coincide in tal senso con una crisi piú profonda della parola. È un altro tratto paradossale del nostro tempo: la parola circola ovunque rivelando il suo carattere inflazionato. Drammi privatissimi trovano posto nel circo dei talk show, una cattiva retorica pedagogica sostiene la necessità infinita del dialogo: si può dire e parlare di tutto senza alcun limite. Ma in questo carrozzone impazzito di una parola che circola tanto piú velocemente quanto piú appare svuotata di senso, viene meno una delle condizioni decisive nella formazione dell'individuo. Viene meno la parola. Quale? Quella che stabilisce una relazione stretta tra il dire e le sue conseguenze. Le parole che diventano «solo parole» sono le parole che hanno perduto il nesso etico che le vincola alle loro conseguenze. È questo l'effetto principale del loro svuotamento narcisistico. La parola dovrebbe comportare sempre l'assunzione soggettiva delle sue conseguenze o, quantomeno, lo sforzo della loro assunzione. La parola non è mai solo una parola, perché trasforma, plasma, genera la vita. In questo senso la Scuola-Narciso ha perduto il nesso che lega la parola alla vita. La recisione di questo legame dà luogo a una versione della trasmissione del sapere che esclude la critica ed esige l'assimilazione e la performance. La Scuola-azienda reagisce ribaltando i presupposti della Scuola-ideologica. Il modello educativo sottostante è ipercognitivista: non è piú quello morale del primato dell'educazione come raddrizzamento ortopedico delle viti storte, ma quello del riempimento delle teste, della computerizzazione delle conoscenze e del loro ordinamento produttivo. La Scuola ipercognitivista-narcisista reagisce alla Scuola ideologico-edipica. La sua nuova divisione non è piú quella tra l'ideale conservatore dell'obbedienza e quello rivoluzionario del cambiamento e del rovesciamento dell'esistente, ma quello tra culto individualistico del principio di prestazione e assenza di un senso autentico del valore simbolico dell'istituzione, da cui derivano l'indisciplina, la svogliatezza, la difficoltà a rendere continuativo il proprio impegno, il rispetto per gli insegnanti, ecc. In questa nuova divisione della Scuola il problema non è piú lo scontro tra due visioni del sapere – l'una conservativa, l'altra critico-sperimentale, l'una legata al principio di conservazione della realtà, l'altra al sogno e al desiderio – quanto piuttosto la generale riduzione dell'apprendimento al *plagio*.

Questo è un punto centrale della Scuola-Narciso che riflette la sua profonda costituzione speculare. Se dovessimo ridurre la valutazione per come viene praticata oggi nella Scuola a un solo termine, non dovremmo forse ridurla al termine «plagio»? Chi premiamo quando valutiamo? Chi gratifichiamo? Quali prestazioni incoraggiamo? La Scuola-Narciso non ha dubbi in proposito:

premia chi ripete lo Stesso, chi riduce l'apprendimento
alla riproduzione dello Stesso. Nessuna eterogeneità,
nessuna divergenza. Se in una verifica orale o scritta
– quando non si riduca a una serie di caselline vuote da
barrare – l'insegnante ritrova le proprie parole o quelle
dei testi studiati; se, in altri termini, l'allievo sa ripete-
re il piú esattamente possibile il sapere che gli è stato
impartito, allora la valutazione sarà massima.

Di fronte all'esaltazione dell'Io e della sua autonomia, si tende paradossalmente a non valorizzare la soggettivazione singolare del sapere ma a schiacciarla passivamente sulla clonazione del medesimo. Tutti i per-
corsi formativi devono essere semplificati riducendo al
minimo gli ostacoli. Come nel caso delle interrogazioni
programmate nei licei, dove spesso si concede pure allo
studente il diritto di rinviarle[19].

Appiattendo la valutazione sul plagio, la Scuola smette
di interrogare il senso della vita, rischia di non proporre
piú il sapere come allargamento dell'orizzonte del mondo,
essendo il suo compito divenuto ormai quello aziendali-
stico di fornire solo strumenti utili. Al godimento della
sublimazione che erotizza il sapere, sul quale anche se
in modo contraddittorio la Scuola-Edipo si sostiene, si
sostituisce un movimento tendenzialmente antisublima-
torio che rigetta la via lunga dell'apprendimento e della
ricerca. I programmi di studio si riducono, gli esami universitari sono tenuti a fornire bibliografie che non su-
perino un certo numero di pagine, i genitori protestano
di fronte a carichi eccessivi di compiti, i provvedimenti
disciplinari sono visti come abusi autoritari. Il problema

---

[19] Un ritratto esilarante dei paradossi che circondano la Scuola-Narciso, non
senza un certo pathos telemachiano, si trova in E. Ferretti, *Per chi suona la cam-
panella*, Fazi, Roma 2011.

della quantificazione del sapere, della semplificazione dei programmi, della disaffezione alla pratica di lettura dei testi è un fenomeno di tutta evidenza a qualunque livello delle nostre Scuole.

Questo problema è complicato da un uso massiccio della tecnologia che favorisce la «via breve» dell'anti-sublimazione. Se una maestra propone ai bambini delle elementari una ricerca sui fiumi della Lombardia – ricerca che un tempo avrebbe richiesto uno sforzo di consultazione che avrebbe impegnato un intero pomeriggio –, oggi è sufficiente cliccare su google per avere immediatamente la risposta che si cerca. La dimensione dell'esperienza è totalmente evasa da un sapere *pret-à-porter*, sempre a disposizione, che, di fatto, genera anoressie mentali, rigetto della ricerca del sapere nel nome di una sua acquisizione senza sforzo. Tanto il soggetto sembra staccarsi dalla pratica lenta della lettura, tanto appare perennemente connesso al grande Altro della rete che promette un sapere sempre immediatamente disponibile.

Anche per questo gli insegnanti nella Scuola-Narciso non appaiono piú come i depositari dell'autorità simbolica della tradizione, ma sono sospinti verso la contraddizione insostenibile di subire, per un verso, una proletarizzazione economica e sociale drammatica (i tagli alle risorse hanno accomunato tutte le politiche scolastiche del nostro Paese negli ultimi trent'anni) e, per un altro verso, di essere investiti di un ruolo educativo sempre piú ampio di fronte a famiglie sempre piú in crisi nell'esercitarne la potestà. All'importanza collettiva della loro opera – il cui valore è inestimabile – non corrisponde alcun riconoscimento né economico né culturale.

Funzione e significato restano drasticamente divaricati: da una parte, il valore inestimabile della loro funzione nel garantire la crescita e lo sviluppo dei nostri figli; dall'altra parte, la spoliazione di un significato pubblicamente riconosciuto alla loro funzione. Il corpo insegnante è, in questo senso, un corpo in frammenti, perché non esiste piú uno specchio sociale in grado di restituirne la giusta immagine. Gli insegnanti non subiscono solo un processo di proletarizzazione economica, ma anche di disintegrazione identitaria. La loro angoscia cresce non tanto, come accadeva nella Scuola-Edipo, in rapporto alla contestazione del sapere che rappresentano, ma in rapporto a uno smarrimento fondamentale dell'identità.

La Scuola-Telemaco.

Il terzo grande complesso della Scuola è quello di Telemaco. Recentemente ho insistito nel contrapporre le figure di Edipo e di Telemaco, il figlio di Ulisse, per provare a decifrare il nuovo disagio della giovinezza e delle nostre istituzioni. La crisi che attraversa attualmente il rapporto tra le generazioni non risponde piú alla logica conflittuale e ambivalente tipica del complesso edipico per la semplice ragione che sono venuti meno gli adulti come rappresentanti della Legge simbolica della castrazione. Di conseguenza non è piú il conflitto che attraversa la differenza tra le generazioni ma un'inedita confusione generazionale che surroga ogni possibile conflitto e confonde figli e genitori in una sola melassa indistinta. Per queste ragioni ho teorizzato che le nuove generazioni siano abitate da una domanda inedita di padre, come accade proprio a Telemaco.

Il disagio dei nostri figli non è piú centrato sull'antagonismo tra le generazioni, ma sulla perdita della differenza e, dunque, sull'assenza di adulti in grado di esercitare funzioni educative e di costituire quell'alterità che rende possibile l'urto alla base di ogni processo di formazione. Il malessere attuale della giovinezza non risiede nell'opposizione tra sogno e realtà ma nell'assenza di sogno. Il disagio dei corpi dei giovani – il corpo iperattivo, il corpo sbandato, il corpo annoiato, il corpo anoressico o obeso, il corpo depresso, il corpo intossicato, il corpo distratto – ha preso il posto della parola critica che li animava nella Scuola-Edipo. Mentre allora era l'ideologia rivoluzionaria a esprimere le esigenze di una corporeità che giustamente rifiutava la normalizzazione repressiva, adesso in primo piano è il silenzio mortifero del sintomo. La protesta, la rivolta, la critica passano attraverso il disagio e la sofferenza muta dei corpi.

Per questa ragione occorre che gli insegnanti – senza bisogno di trasformarsi in psicoterapeuti – provino a tradurre l'iperattività o il deficit di apprendimento, la noia o la frivolezza senza responsabilità, come se fossero interrogazioni inconsce rivolte al sapere, rivolte all'Altro incarnato dall'insegnante. Nella pratica didattica di ogni giorno, si tratta di provare a trasformare l'impasse in un punto di rilancio e di rinnovamento[20]. È solo in questo modo che la Scuola-Telemaco è sempre apparsa nelle faglie della Scuola-Edipo e della Scuola-Narciso[21]. Il figlio-Telemaco non vuole la pelle del padre, né si limita a contemplare la propria immagine, ma esige che

---

[20] Alcuni esempi significativi di questa possibile trasformazione si trovano in N. De Smet, *In classe come al fronte. Un nuovo sentiero nell'impossibile dell'insegnare*, Quodlibet, Macerata 2008.

[21] Ricordo che i tre complessi (Edipo, Narciso e Telemaco) non vanno letti solo in senso diacronico ma anche in senso sincronico.

ci si liberi dalle pulsioni incestuose incarnate dai Proci
(che hanno devastato la sua casa e quella dei suoi genitori) in vista di un nuovo patto tra le generazioni.

La Scuola-Telemaco vuole restituire valore alla differenza generazionale e alla funzione dell'insegnante
come figura centrale nel processo di «umanizzazione
della vita». Ma, diversamente dalla Scuola-Edipo, rifiuta di interpretare questa differenza in termini solo
sterilmente antagonistici. Piuttosto la Scuola-Telemaco sostiene che non vi sia trasmissione possibile senza
incontro, senza impatto con l'Altro. Diversamente da
Edipo, Telemaco riconosce il debito simbolico verso il
padre, non lo vuole morto, non lo vive come un nemico nel crocevia del suo desiderio. Mentre per Edipo la
Legge è vista solo come antagonista irriducibile e mortale del desiderio, mentre Edipo non sa vedere il nesso che unisce profondamente la Legge al desiderio, Telemaco attende il ritorno del padre perché sa che solo
questo ritorno potrà reintrodurre la Legge nel campo
chiuso del godimento incestuoso. E tuttavia il figlio-
Telemaco non è solo una figura melanconica dell'attesa.
Si confronta con quell'assenza del padre che è il nome
piú profondo della sua presenza nel destino di tutti gli
umani e di tutte le loro istituzioni. Perché il padre si dà
innanzitutto nella forma dell'assenza, nella forma di un
impossibile. È per questa ragione che, anziché incan-
crenirsi in una passione solo nostalgica, Telemaco salta
il fossato di quell'assenza, si mette in moto, compie un
viaggio sulle orme del padre assente. Compie il viaggio dell'ereditare in cui si realizza ogni ricerca degna di
questo nome. Perché ogni ricerca non è mai *ex nihilo*,
ma si rende possibile solo grazie a quelle di coloro che
ci hanno preceduti e alla loro memoria.

La Scuola-Telemaco è una Scuola dove in primo piano dovrebbe essere situato il desiderio come ricerca della propria eredità. Mentre la Scuola-Narciso si fonda sulla confusione dei ruoli, sull'immedesimazione reciproca, sull'assenza di Legge, generando l'orgia dei Proci, quella di Telemaco ha il compito di ricostruire la figura dell'insegnante dai piedi. Se l'autorità simbolica della sua parola non può piú essere garantita dall'*automaton* della tradizione, se non può accettare di essere sostituita dalla specularità senza passione degli oggetti tecnologici, deve essere ricostruita dalla testimonianza della forza della parola che ogni insegnante è tenuto a incarnare.

La Scuola-Telemaco si realizza nell'incontro con una parola che sa testimoniare non soltanto di sapere il sapere, ma anche che il sapere si può amare, si può trasformare in un corpo erotico. Come nel caso di Telemaco sappiamo che non ritornerà il padre eroe, carismatico, vittorioso, il padre-monumento, il padre dell'autorità infallibile, ma solo un resto del padre, solo quel che resta del padre. Nel caso degli insegnanti non si tratta piú di perseguire l'ideale dell'insegnante-padrone che sa dire l'ultima parola sul senso della vita, ma quello dell'insegnante-testimone che sa aprire mondi attraverso la potenza erotica della parola e del sapere che essa sa vivificare.

Piú precisamente, l'insegnante della testimonianza è colui che sa sostenere una promessa. Quale? La *promessa della sublimazione*: abbandonare il godimento mortale, il godimento chiuso su se stesso, il godimento immediato e la sua allucinazione, per trovare un altro godimento, capace di rendere la vita piú ricca, beata, capace di amare e di desiderare. La promessa che la Scuola-Telemaco sostiene controvento è che l'accesso alla cultura, obbligandoci a rinunciare al godimento incestuoso, apre a una vita piú soddisfatta, in grado di allargare il proprio orizzonte. Piú viva in quanto simbolicamente morta, sottratta al godimento mortale e incestuoso del consumo immediato, capace di riconoscersi appartenere a una storia, a una memoria condivisa, al campo del linguaggio.

Capitolo secondo
Il gesto di Socrate

L'illusione scolastica.

Se c'è qualcosa che resta della Scuola nell'epoca della sua evaporazione indisciplinare, è il rapporto del soggetto col sapere che la funzione dell'insegnante deve essere in grado di animare. La partita della Scuola continua nonostante tutto a giocarsi essenzialmente a questo livello. Esiste la possibilità di introdurre il soggetto in un rapporto vitale col sapere? Esiste ancora la possibilità di lavorare attorno agli oggetti del sapere tenendo conto del rapporto che hanno con la vita di chi li deve assimilare? Ancora piú radicalmente: ciò che resta della Scuola non è forse la possibilità, ogni volta nuova, di trasformare gli oggetti del sapere in oggetti del desiderio, in corpi erotici? Non è in questo che consiste, in ultima istanza, la posta in gioco di tutta la partita dell'insegnamento? La Scuola non dovrebbe avere questo come suo proprio compito? Rendere il sapere un oggetto in grado di muovere il desiderio, un oggetto erotizzato capace di funzionare come causa del desiderio, in grado di spostare, attirare verso, mettere in movimento l'allievo. Non è questa la funzione agalmatica che con Lacan dobbiamo riconoscere a un sapere che si rivela erotico, cioè capace di mobilitare *il desiderio di sapere*?[1]. Non è forse la competenza che rende

---

[1] La nozione di *agalma* è al centro del *Seminario VIII* di Lacan, dedicato al tema del transfert, che costituirà un riferimento centrale di queste pagine. Essa indica l'«oggetto piú prezioso», «l'oggetto degli dèi», «l'ornamento» divino che attrae e

possibile tutte le altre? Se non si anima il desiderio di sapere, non c'è alcuna possibilità di apprendere in modo singolare il sapere che viene trasmesso. Come dire che la condizione di ogni trasmissione del sapere si fonda su un transfert preliminare sul sapere come oggetto erotizzato, come agalma del desiderio. Nella storia dell'Occidente possiamo rintracciare l'origine di questa erotizzazione del sapere nel gesto di Socrate nei confronti di Agatone, nella celebre scena di apertura del *Simposio* di Platone.

Ricordiamola: Agatone ha preparato un banchetto al quale parteciperanno illustri intellettuali e sapienti per discutere delle virtú di Eros. Socrate è in ritardo perché, mentre si sta recando a casa di Agatone accompagnato da Aristodemo, viene rapito dal suo demone e si ritira in una profonda meditazione. È solo Aristodemo a varcare la soglia della casa. Preoccupato, Agatone lo interroga: dov'è Socrate? Aristodemo risponde frastornato: «È entrato poco fa dietro di me; ma sono meravigliato anch'io su dove sia»[2]. Il dialogo tra Socrate e Agatone, tra il maestro e l'allievo, è preceduto da questo «strano» ritardo del maestro, quasi come se in esso si annunciasse una sottrazione, un ritrarsi, un cadere nell'oblio. Come spesso capita, Socrate è rimasto assorto nelle sue meditazioni, ha perso la strada e non è giunto in orario al banchetto in compagnia del suo amico. È rimasto immobile e separato da tutti a pensare. Solo, dunque, quando la cena è già iniziata, Socrate entra. Immediatamente Agatone gli chiede di prendere posto a tavola e di sdraiarsi accanto a lui.

---

causa il desiderio (cfr. J. Lacan, *Il seminario. Libro VIII. Il transfert (1960-61)*, Einaudi, Torino 2008, pp. 150-64). Per un suo inquadramento cfr. F. Carmagnola, *Il desiderio non è una cosa semplice. Figure di agalma*, Mimesis, Milano 2007 (in part. pp. 13-38).

[2] Platone, *Simposio*, Einaudi, Torino 2009, p. 17.

In questa richiesta dobbiamo vedere vibrare tutta l'illusione scolastica che anima la domanda di Agatone: *realizzare una prossimità massima con il corpo del maestro per assorbirne tutto il sapere*. L'illusione è quella di ricevere da Socrate il sapere segreto di cui si è appena appropriato:

> Qui, Socrate, stenditi accanto a me, in modo che, toccandoti, possa godere anch'io della sapienza che ti si è accostata nel portico. È chiaro infatti che l'hai trovata e la possiedi, sennò non ti saresti mosso[3].

La deduzione di Agatone è semplice: se Socrate ha potuto concludere la sua meditazione recandosi al banchetto, è perché il sapere che bramava lo ha finalmente visitato. L'illusione scolastica che anima Agatone è quella che guida ogni allievo nei confronti del proprio maestro: supporre nell'Altro un sapere di cui si vuole condividere il mistero e la potenza assimilandone il contenuto per contiguità. Chiedendo di essere riempito da Socrate, Agatone considera il sapere stesso come un oggetto prezioso e seducente custodito nella «scatola rustica» del maestro[4]. Il sapere sarebbe, cioè, l'agalma, il gioiello degli dèi, a cui l'allievo spasmodicamente tende.

L'illusione scolastica è tutta concentrata in questa supposizione e nell'aspirazione che la orienta: la domanda dell'allievo (Agatone) è quella di ricevere il sapere dal maestro (Socrate) come se si trattasse di raccogliere in un nuovo contenitore il liquido contenuto in quello vecchio. È per questa ragione che Agatone chiede di stare seduto vicino a Socrate: vuole beneficiare a man bassa di questo travaso, vuole beneficiare del sapere del maestro raccogliendolo sino all'ultima goccia. Tut-

---

[3] *Ibid.*, p. 19.
[4] J. Lacan, *Sovversione del soggetto e dialettica del desiderio*, in *Scritti* cit., p. 829. Cfr. anche Id., *Il seminario. Libro VIII* cit., p. 171.

tavia non si accorge che la sua è una topologia ingenua. Esigendo di restare prossimo al maestro per assorbire un sapere che appartiene all'Altro e dal quale si sente escluso, resta preda dell'illusione di essere riempito, ovvero di ricevere passivamente il sapere dall'Altro, senza accorgersi che non c'è possibilità di raggiungere un sapere vero se non attivandosi in un processo di ricerca. Volendo possedere il sapere di Socrate, Agatone si pone come l'amante attraversato dalla mancanza, come un *erastes* che ricerca quanto non ha nella pienezza dell'oggetto amato, nell'*eromenos* incarnato da Socrate. Tuttavia, egli non assume sino in fondo la verità del sapere, ovvero il fatto che nessun sapere è in grado di dire la verità. Per questo resta passivo accontentandosi di ricevere il sapere dell'Altro.

È l'illusione che abita ogni scolastica: abbeverarsi al sapere già costituito del maestro o dei maestri, considerati come oggetti amati, come *eromenoi*.

Il gesto di Socrate.

Agatone è l'immagine dell'allievo che evita di affrontare l'esperienza del limite del sapere. Egli vuole ricevere *tutto* il sapere dal suo maestro. Nel *Simposio* il disvelamento di questa illusione si realizza attraverso il gesto di Socrate, che consiste nel rifiutarsi seccamente di incarnare l'*eromenos* – l'oggetto amato – per situarsi, lui stesso, il piú sapiente tra i sapienti, come un vuoto di sapere, come un non-sapere, come una mancanza di sapere, cioè come un *erastes*, un puro amante del sapere. Per questo, dopo aver accettato l'invito di Agatone a sedersi accanto a lui, gli risponde in modo spaesante:

> Sarebbe bello, Agatone, se la sapienza fosse tale da scorrere dal
> piú pieno al piú vuoto di noi, quando ci tocchiamo l'un l'altro, come
> fa l'acqua nelle coppe, che dalla piú piena scorre nella piú vuota at-
> traverso un filo di lana. Se infatti le cose stanno cosí anche per la sa-
> pienza, è un grande onore per me lo star sdraiato accanto a te: credo
> infatti che potrò essere riempito, da te, di molta e bella sapienza. La
> mia infatti è probabilmente qualcosa di poco valore, o è controversa
> e dubbia come fosse un sogno, mentre la tua è scintillante e possiede
> un grande futuro, quel futuro che da te ancora giovane cosí intensa-
> mente ha brillato e tanto lucente è apparso l'altro ieri[5].

In che cosa consiste il gesto di Socrate? Egli sa bene
che al centro del sapere – non del suo, ma del sapere in
quanto tale, nella struttura stessa del sapere – dimora un
«vuoto», una faglia che è indice dell'impossibilità di sapere tutto, di spiegare ogni cosa. Se il sapere si organizza
come un'accumulazione piú o meno ordinata di significanti, l'effetto educativo consiste nel mostrare che non
esiste un significante in grado di chiudere dall'esterno il
sapere stesso come se fosse un sistema autoconsistente,
che questo significante è strutturalmente mancante, che
manca un significante nell'Altro e che il sapere non è
un sistema chiuso su se stesso quanto il movimento che
ricerca la possibilità di dire in molteplici modi il significante della mancanza, senza però mai pretendere di
possedere il significante che manca all'Altro.

Per questa ragione, agli occhi di Agatone, Socrate si
rifiuta di occupare la posizione di *eromenos*, di ciò che è
degno di essere amato, ribadendo di non essere affatto
l'incarnazione dell'oggetto amato, del sapere assoluto
dell'Altro, ma solo, come fa notare Lacan nella sua ispi-
rata lettura del testo platonico, della dimensione «atopica» del desiderio: «La sua essenza, l'essenza di Socrate,

[5] Platone, *Simposio* cit., pp. 19-21.

è – infatti – quel vuoto, quell'incavo»[6], che si oppone all'illusione scolastica che vuole fare esistere il sapere come un tutto-pieno. Questo significa che *il sapere del maestro non è mai ciò che colma la mancanza, quanto ciò che la preserva*. Per questa ragione, rivolgendosi ad Agatone, Socrate può dirgli: guarda che non sono io, ma sei tu che sei pieno; guarda che non troverai in me quello che già tu possiedi in misura ben piú grande della mia.

Il gesto di Socrate è un gesto di svuotamento del sapere che vorrebbe spingere Agatone a ricercare il *proprio* sapere. Socrate, in altre parole, si sottrae dalla posizione di oggetto immaginario a cui invece lo vorrebbe inchiodare il transfert selvaggio di Agatone. Il suo gesto di sottrazione vuole essere radicale sino al limite della provocazione – «Sei tracotante», gli risponde piccato Agatone –, perché Socrate punta a mostrare che il sapere non è affatto un oggetto contenuto nel contenitore dell'Altro, ma l'effetto di un percorso che ogni soggetto è tenuto a compiere in proprio, senza che esista, a garantirlo, un tracciato definito a priori. Si tratta piuttosto – come avviene in ogni processo autentico di formazione – di un percorso che traccia il suo sentiero singolare solo nel momento in cui accade. È una tesi sulla quale giustamente insiste Moustapha Safouan, il grande allievo di Lacan, quando esclude la possibilità che esista un sentiero ben definito in grado di condurre il soggetto al sapere, perché questo sentiero si crea, si traccia solo camminando. Il sentiero si fa solo nel movimento di chi lo percorre perché non esiste prima di esso.

Dal gesto di Socrate dobbiamo far discendere ogni possibile trasmissione feconda del sapere. Il maestro si

---

[6] J. Lacan, *Il seminario. Libro VIII* cit., p. 171.

disidentifica dal tutto-pieno dell'*eromenos* per incarnarsi nella mancanza attiva, nel vuoto dinamico dell'*erastes*, al fine di emergere come amante del sapere e non
come oggetto amato, come colui che desidera la verità
e non come colui che la detiene. Socrate fa cosí apparire, sulla scena della trasmissione e sulle ceneri di ogni
illusione scolastica, un buco, una mancanza, uno strap-
po che investe, al tempo stesso, sia la dimensione del
soggetto sia quella dell'Altro del sapere. In questo modo egli mostra ad Agatone che il sapere non ha la stessa
natura di un liquido che si può versare da un recipiente all'altro. L'apprendimento non avviene per travaso
passivo da un bicchiere piú pieno a uno piú vuoto, perché il modello sul quale si fonda non è mai quello di un
vuoto da riempire – le teste vuote degli allievi dentro le
quali si deve versare il cemento del sapere – quanto di
un *vuoto da aprire*.

Rifiutandosi di incarnare il sapere, Socrate rinvia
all'allievo il sapere che l'allievo ricerca in lui, mantenen-
do aperto il luogo del sapere come luogo di una mancanza strutturale. Chiediamoci: non è questo il movimento
essenziale che caratterizza il lavoro di ogni insegnante
degno di questo nome? Aprire vuoti nelle teste, aprire
buchi nel discorso già costituito, fare spazio, aprire le
finestre, le porte, gli occhi, le orecchie, il corpo, aprire
mondi, aprire aperture impensate prima. Non è questa
la materia di cui è fatta l'erotica dell'insegnamento?
Non è questo il gesto che fa esistere un insegnamento
in grado di generare effetti infiniti di soggettivazione?
Non è questo il significato ultimo della trasformazione
degli oggetti del sapere in corpi erotici che dovrebbe
realizzare ogni insegnamento?

Produrre il vuoto.

Il gesto di Socrate rivela la faglia che attraversa il sapere dell'Altro. Ma rivela altresí che la funzione del maestro è quella di rendere fecondo questo vuoto. A tale proposito esiste un aneddoto leggendario che riguarda il lavoro di Emilio Vedova come insegnante di pittura presso l'Accademia di Belle Arti di Venezia. Quando un allievo si trovava paralizzato di fronte alla tela bianca, incapace di procedere, vittima dell'inibizione, il maestro interveniva immergendo uno spazzolone in un secchio di colore e imprimendo un violento colpo sulla tela. Questa offesa traumatica sortiva un effetto immediato: l'allievo, liberato dall'angoscia e dall'inibizione, poteva finalmente procedere nel suo lavoro.

Perché? Qual è il significato del colpo di spazzolone? E quale somiglianza ha con il gesto di Socrate? Vedova mostra ai suoi allievi che l'artista si confronta sempre con un muro che tende ad assumere la forma di un eccesso di presenza piú che di un'assenza. Anche in questo caso, come per Socrate in rapporto ad Agatone, si tratta di *produrre il vuoto* per rendere possibile la messa in atto del processo creativo. Senza questo svuotamento del sapere dell'Altro, non c'è possibilità di generare niente di vivo. Il colpo di spazzolone, che si getta con forza sulla tela immacolata, cerca il vuoto, l'aria, l'ossigeno: vuole fare emergere la mancanza che attraversa la struttura del sapere in quanto tale.

Il vuoto della tela bianca, infatti, non è mai vuoto. Lo sanno molto bene i pittori: il vuoto della tela bianca non è mai davvero vuoto. È, piuttosto, sempre troppo pieno. Pieno di cosa? Di tutta la storia dell'arte, di tutte le immagini già viste che hanno preceduto il gesto dell'artista e che si coagulano come spettri sulla tela bianca. Sono i saperi consolidati, le opere, le citazioni, gli stereotipi, tutto ciò che è già stato fatto, visto e conosciuto. Ogni tela porta su di sé, come direbbe Jung, il «peso di ieri», una stratificazione invisibile di memoria che può imprigionare, soggiogare, paralizzare: filosofie dell'arte, standard della composizione, esperienze pittoriche, citazioni, correnti di pensiero, stili, maniere. Un sapere invisibile ma densissimo si deposita sul bianco della tela ricoprendolo con una ragnatela spessa.

Allora la sudditanza e l'inibizione possono essere risposte a questo eccesso di presenza dell'Altro. Come posso generare qualcosa di nuovo se tutto è già stato fatto, se il grande Altro del sistema dell'arte appare compattamente richiuso su se stesso? Ecco cosa ci insegna il colpo di spazzolone di Vedova: è necessario svuotare questo pieno per rendere possibile l'atto della creazione. Affinché vi siano scrittura, gesto, atto artistico, è essenziale operare un azzeramento preliminare, una sospensione, una *epochè* del pieno di senso che si addensa nel falso vuoto dello spazio bianco.

Se il colpo di spazzolone svuota lo spazio bianco, significa che questo spazio non è davvero bianco. Vi ristagnano segni che appartengono a un passato che incalza, a un sapere che ingombra e ostacola la possibilità dell'invenzione. La tela bianca è *sempre* piena di oggetti morti, elementi inerti, ideali monumentali, opere irraggiungibili poiché ogni processo creativo eredita tutta la memoria di ciò che è già avvenuto. Tuttavia questa eredità ha due possibili destini: può essere tradita nella forma della ripetizione scolastica, oppure può dare vita a un atto autenticamente creativo. Il colpo di spazzolone vuole allentare l'obbedienza del soggetto alle regole codificate della tradizione affinché qualcosa di nuovo possa venire alla luce.

Per questo occorre fare il vuoto, occorre una quota necessaria di oblio, una dimenticanza, direbbe Nietzsche, una sospensione del codice del grande Altro sul quale si regola la pratica consolidata dell'arte affinché un gesto nuovo possa davvero prodursi. Altrimenti il soggetto resta ipnotizzato dalla tela bianca, resta trattenuto, prigioniero dell'Altro, perché ogni suo atto risulterebbe sempre inadeguato rispetto all'Ideale irraggiungibile dell'Altro.

Accade anche ai nostri studenti davanti alla tesi di laurea: bisogna dimenticare quello che si è letto, quello che già si sa, occorre fare il vuoto per provare a dire qualcosa di proprio. La soggettivazione del sapere può avvenire solo attraverso una quota di oblio. Per questo per Vedova essere pittore significava, come usava dire, essere tutti i giorni sull'«orlo del precipizio», sul «bordo del vuoto».

Il trasporto erotico verso il sapere.

Lacan descrive la posizione di Socrate come «atopica», strana, senza luogo, senza identificazione possibile. La stessa «atopia» che contraddistingue il soggetto del desiderio, la stessa posizione che assumerà per la vita della *polis* la parola di Cristo[7]. Parole – quella di Socrate e di Cristo – che non sono previste dai rappresentanti

---

[7] Cfr. J. Lacan, *Il seminario. Libro VIII* cit., pp. 115-18.

dell'ordine della città e che traumatizzano fatalmente ogni discorso costituito. Parole che vengono da un altrove rispetto al sapere già saputo.

Ecco qualcosa che interessa il nostro ragionamento sul maestro: ogni volta che rintracciamo questa dimensione sovversiva della parola, non siamo forse di fronte al segno piú eloquente dell'esistenza di un insegnamento? Un insegnamento degno di questo nome non inquadra, non uniforma, non produce scolari, ma sa animare il desiderio di sapere. Per questa ragione ogni insegnamento che sia tale muove l'amore, è profondamente erotico, è in grado di generare quel trasporto in cui consiste in ultima istanza il fenomeno che in psicoanalisi chiamiamo «transfert»[8]. Non c'è trasmissione del sapere che possa avvenire senza passare dal transfert. Lo mostra Socrate quando alimenta il transfert di Agatone divenendo per lui oggetto erotico. Solo che il maestro è colui che sa dislocare il transfert amoroso mobilitato dall'allievo dalla sua persona all'oggetto del sapere. Egli è amato in quanto ama il sapere rendendo il sapere un oggetto che causa il desiderio dell'allievo. Un insegnamento deve innescare transfert, ovvero spinta, tensione erotica, trasporto, «amore che si indirizza al sapere», come dirà il Lacan del *Seminario XVII*. Deve riuscire, attraverso l'atopia del desiderio, a trasformare l'*eromenos* in *erastes*, la passività dell'amato nell'attività dell'amante.

---

[8] La parola tedesca *Übertragung*, con la quale Freud definisce la «traslazione» come fenomeno clinico dell'esperienza dell'analisi, può essere anche tradotta in italiano con il termine «trasporto», nel duplice significato che questa parola ha per noi: essere messo in movimento ed essere traportato emotivamente, coinvolto, conquistato. In questa seconda accezione il transfert raggiunge, come vedremo, la radice etimologica del termine *educere* («educare») in quanto, appunto, «essere portato altrove».

Per questo Lacan può interpretare Socrate come un'incarnazione prefreudiana del desiderio dell'analista. Al pari di Socrate, l'analista deve essere in grado di «offrire il vuoto al desiderio del paziente, affinché questo si realizzi come desiderio dell'Altro»[9]. Il desiderio dell'analista non mira al bene del paziente, né a rimpinzare di sapere la sua testa, di ammonizioni morali o di spiegazioni teoriche, non pretende di correggere o di indottrinare il soggetto. Questo desiderio non vuole in realtà alcun oggetto – non è una domanda –, ma sospinge unicamente il soggetto verso la sua *trasformazione da eromenos in erastes*, che è al centro di quella metafora dell'amore che per Lacan costituisce l'essenza stessa del transfert. Di cosa si tratta? Cos'è la metafora dell'amore?

La metafora dell'amore.

La metafora dell'amore è proprio la sostituzione dell'*eromenos* con l'*erastes*, dell'amato con l'amante[10]. Questa sostituzione apre la possibilità dell'avventura analitica ma anche, più in generale, di ogni processo di trasmissione del sapere. Senza tale passaggio, il paziente e l'allievo resterebbero oggetti passivi sui quali dovrebbe applicarsi il sapere attivo dello psicoanalista o del maestro. E, come abbiamo visto, il centro dell'illusione scolastica

---

[9] J. Lacan, *Il seminario. Libro VIII* cit., p. 117. Su Socrate come incarnazione del desiderio dell'analista, cfr. S. Cottet, *Freud e il desiderio dello psicoanalista*, Borla, Roma 2011 (in part. pp. 199-208).

[10] Nella teoria lacaniana dei quattro discorsi questa operazione di sostituzione dell'amato nell'amante verrà ritradotta in termini più strutturali come passaggio del soggetto analizzante al discorso isterico o come «isterizzazione» del soggetto *tout court* (cfr. J. Lacan, *Il seminario. Libro XVII. Il rovescio della psicoanalisi (1969-70)*, Einaudi, Torino 2000, pp. 41-56).

incarnata da Agatone: ricevere dal maestro il suo sapere offrendosi come contenitore vuoto da riempire.

Nell'esperienza dell'analisi come in quella dell'insegnamento, non sono né l'analista né il maestro che applicano il loro sapere sul paziente e sull'allievo, ma sono il paziente e l'allievo che devono muoversi per ricercare attivamente nell'Altro il sapere che sfugge loro. In questo modo un paziente può diventare un analizzante, ovvero qualcuno che non aspetta che il sapere dello psicoanalista si applichi su di lui, ma che si impegna a fare un lavoro su se stesso; e l'allievo, senza lasciarsi imprigionare dall'illusione scolastica che suppone tutto il sapere nell'Altro, può dedicarsi alla propria ricerca del sapere.

Prendiamo piú nel dettaglio l'esempio dell'analisi. Cosa vuole l'analista dal suo paziente? Nulla, non domanda nulla (nonostante il fantasma della nevrosi tenda ad attribuire all'Altro la domanda del proprio desiderio) se non che diventi un analizzante. Questo significa che, come afferma precisamente Lacan, l'analista non è «lí per il suo bene (del paziente), ma perché egli ami»[11]. Non cura, non medica, non corregge il paziente. Piuttosto trasforma il paziente, *oggetto della cura*, in analizzante, *soggetto della cura*; lo mette in movimento verso la verità (inconscia) del proprio desiderio. Questo significa ribaltare il soggetto come *eromenos* nel soggetto come *erastes*:

> Il soggetto è introdotto come degno di interesse e di amore, *eromenos*. Siamo lí per lui. Questo è l'effetto – diciamo cosí – manifesto. Ma c'è un effetto latente, che è legato alla non scienza, alla sua inscienza. Inscienza di che cosa? Di ciò che è per l'esattezza l'oggetto del suo desiderio in modo latente, voglio dire obbiettivo o strutturale. Quest'oggetto è già nell'Altro, ed è perciò che egli è, lo sappia o

[11] Id., *Il seminario. Libro VIII* cit., p. 19.

no, virtualmente costituito come *erastes*. A causa di questo solo fatto egli soddisfa quella condizione di metafora, la sostituzione dell'*erastes* all'*eromenos* che costituisce di per sé il fenomeno dell'amore[12].

La sostituzione metaforica dell'*erastes* all'*eromenos* è la manovra essenziale per aprire il processo della cura analitica, ma, piú in generale, potremmo considerarla la manovra essenziale di ogni processo di formazione e, in quanto tale, è un'operazione che dovremmo collocare al centro di una trasmissione autentica e riuscita del sapere. L'evento dell'isterizzazione del soggetto indica che il soggetto si muove alla ricerca del senso singolare (inconscio) che abita l'enigma del suo sintomo che gli sfugge, di cui non è padrone. Mentre all'inizio del percorso di cura il soggetto chiede aiuto ponendosi come oggetto passivo che attende il travaso del sapere, attraverso la metafora dell'amore – che attiva il movimento del transfert –, è il soggetto che si attiva ricercando nell'Altro quello che gli manca.

La metafora dell'amore non è in gioco anche in tutto quello che concerne la pratica didattica? Trasformare l'allievo come oggetto sul quale si applica un sapere – testa o bocca vuota (recipiente) da riempire, vite storta da raddrizzare – in un soggetto che ricerca attivamente quello di cui manca, che si sente trasportato, attirato, catturato verso un sapere nuovo. Con una precisazione aggiuntiva che non deve scandalizzarci: questo trasporto erotico verso il sapere è indubbiamente un nome vero, per nulla posticcio, dell'amore. Non c'è, infatti, didattica possibile senza l'erotismo del transfert, senza la trasformazione dello statuto inerte dell'*eromenos* in quello attivo e desiderante dell'*erastes*.

---

[12] *Ibid.*, p. 213.

I due volti del transfert.

Siamo, a questo punto, obbligati a distinguere due volti del transfert. Il primo è quello che Freud mette in evidenza con particolare forza nella sua *Psicologia delle masse*. È il transfert come fenomeno regressivo, infantilizzante, ipnotico, che dà vita all'identificazione verticale con il capo e che istituisce un legame gregario del soggetto nei confronti dell'Ideale dell'Altro. In questo caso il transfert nutre un Altro assoluto che mantiene il soggetto in una posizione di assoggettamento e di dipendenza acritica. È la dimensione immaginaria del transfert sulla quale si sostiene l'illusione scolastica incarnata da Agatone.

L'aggregazione della massa spersonalizza, unifica, cementa a condizione che i soggetti rinuncino alla loro ragione critica. Tutti i fenomeni di gruppo che oscillano dal legame settario al populismo si strutturano a partire dalla centralità di questa dimensione ipnotico-suggestiva del transfert, che, non a caso, Freud pone quale condizione dell'aggregazione della massa come insieme identitario. «Privo di mente», dirà significativamente Bion.

Esiste, però, un altro volto del transfert che lo contraddistingue come un movimento, per nulla regressivo, caratterizzato da un'apertura inedita verso il nuovo. È la radice del transfert che ritroviamo al centro di ogni didattica, di ogni percorso di formazione e di trasmissione riuscita del sapere. In tal senso il transfert è l'esperienza di un nuovo amore. Perché nell'amore è in gioco proprio un «trasporto». Questo significa che il transfert si manifesta primariamente come messa in movimento del soggetto[13]. L'Università vorrebbe invece che il sapere si trasmettesse asetticamente, come da un computer a un altro, via *file*, giudicando il transfert come un pericolo da neutralizzare.

È il fantasma che molti nevrotici ossessivi manifestano nella loro analisi. Un mio paziente, in una delle prime sedute, mi disse dopo un sogno che mi coinvolgeva: «Io vengo da lei a fare l'analisi, ma mi raccomando: evitiamo il transfert!» Insomma: «Non voglio complicazioni amorose, voglio che lei mi analizzi in modo cibernetico», come una decodificazione semiotica pura. L'importante è che non ci sia il transfert di mezzo! Questo è ciò che governa il fantasma ossessivo: distruggere il desiderio dell'Altro e tutte le sue manifestazioni, compreso l'amore da transfert. L'Università tende a rendere il sapere morto proprio per evitare il demone erotico, la passione amorosa che il transfert genera. È quello che Lacan, nella prima lezione del *Seminario VIII*, definisce il «dominio di Eros», corpi accesi che seguono Eros senza compromessi, in movimento. Ma movimento di cosa? E verso cosa?

Il gesto di Socrate muove il desiderio verso il sapere perché erotizza il sapere e trasforma l'amato-passivo in amante-attivo. Il movimento del transfert non introduce il sapere nel soggetto – è l'illusione scolastica di Agatone – ma muove il desiderio del soggetto *verso* il sapere. Non c'è assimilazione soggettiva del sapere se non a partire dal desiderio di sapere. Si tratta del transfert come «innamoramento primario», come spostamento nel senso essenziale del «trasporto», dell'essere messi in moto, trasportati, portati, trascinati via, rapiti.

---

[13] Ne fornisco un ampio esempio autobiografico nel capitolo quinto di questo libro.

Un «innamoramento primario» dove l'oggetto perduto – per Lacan l'oggetto piccolo (a) che costituisce l'oggetto-agalma causa del nostro desiderio – viene trasferito e ricercato, proprio a causa di questo trasferimento, nel campo dell'Altro[14].

Se il transfert è un amore che s'indirizza non a un oggetto del mondo – a una semplice presenza – ma a un sapere che possa dire la verità sulla struttura singolare (inconscia) del desiderio, questo sapere non può essere concepito, al contrario di quanto vorrebbe l'illusione scolastica di Agatone, come un oggetto contenuto in un contenitore al quale attingere, ma come una mancanza, un vuoto, una faglia. È nuovamente tutto il valore che dobbiamo riconoscere al gesto di Socrate: *custodire il vuoto come condizione prima per rendere possibile la trasmissione del sapere.*

Ogni pratica didattica ha proprio il compito arduo di mostrare che questo vuoto è un punto di non-sapere per nulla esterno al sapere. La topologia ingenua di Agatone si deve così complicare in una topologia moebiusiana, dove l'interno e l'esterno (il sapere e il limite del sapere) si danno come dimensioni implicate strutturalmente. Il non-sapere non è il limite negativo del sapere, ma, come direbbe Lacan, il suo «centro esterno», il suo punto di estimità (*extimité*)[15]. Un sapere che non voglia recidere il rapporto con la verità si mantiene costantemente in rapporto a questo «centro esterno». Ciò vuol dire che la conoscenza non si allarga, non si espande come la luce di una lanterna che illumina in modo progressivo, e

---

[14] Cfr. J. Lacan, *La direzione della cura e i principî del suo potere*, in *Scritti* cit., p. 613.
[15] Cfr. Id., *Il seminario. Libro VII. L'etica della psicoanalisi (1959-60)*, Einaudi, Torino 1994, p. 177.

potenzialmente illimitato, l'oscurità che la circonda. Esiste piuttosto una mancanza – immanente al sapere – che concerne il sapere stesso, che ne decompleta la struttura e che nessuna conoscenza potrebbe mai saturare.

Mia figlia, che frequenta la seconda elementare, mi ha raccontato di aver posto alla sua insegnante la seguente domanda: «Cosa faceva Dio prima che fosse creato il mondo?» La maestra le ha dato la sola risposta possibile: «È una domanda alla quale non so rispondere. E proprio per questo è una domanda importante»[16].

Tacere l'amore.

In una citazione poco frequentata di Lacan, che in piú occasioni ho cercato di valorizzare, si chiarisce la differenza tra il gesto del maestro che sa mettere in moto il desiderio dell'allievo e l'atto padronale della seduzione o dell'indottrinamento. Si tratta di uno dei pochi momenti del suo insegnamento dove Lacan parla di sé e della sua pratica di psicoanalista. Si sta rivolgendo a un pubblico di cattolici che lo hanno invitato all'Università di Lovanio. Improvvisamente apre, in un discorso dedicato all'etica della psicoanalisi, una parentesi che verte sull'enigma del suo desiderio di analista:

> Chi vi parla è nella psicoanalisi da abbastanza tempo ormai per poter dire che ben presto avrà passato metà della sua vita ad ascoltare vite che si raccontano, che si confidano. Ascolta. Ascolto. Non ho alcun titolo per misurare il valore delle vite che da quasi quattro settenari ascolto confidarsi davanti a me. Io ascolto. E uno degli scopi

---

[16] Si racconta che a questa stessa domanda sant'Agostino rispose ironicamente che Dio era impegnato a fabbricare l'inferno per raccogliere coloro che osavano porre tali domande. In uno stile diverso il filosofo cristiano non occulta il limite del sapere, ovvero l'impossibilità per l'umano di spiegare Dio.

del silenzio che costituisce la regola del mio ascolto è proprio quello di *tacere l'amore*[17].

Il dono piú grande del maestro non è il dono del sapere ma quello di saper «tacere l'amore». Questo dono è il piú prezioso perché non vincola l'allievo ad alcuna obbedienza, ma lo lascia sempre libero di andarsene, di separarsi dal maestro.

Nell'esperienza dell'analisi questo silenzio è decisivo. Solo se il desiderio dello psicoanalista opera senza domandare nulla all'analizzante – guarire, imparare, cambiare, ecc. –, potrà consentirgli di separarsi per trovare la propria misura della felicità. Quello che Lacan dice qui non riguarda, però, solo la coppia analista-analizzante, ma potrebbe adattarsi bene anche alla coppia maestro-allievo. Se il maestro non sa tacere il proprio amore, rischia di esigere, volontariamente o meno, che l'allievo segua le sue orme, che diventi ciò che lui si attende[18]. Solo saper tacere l'amore può svuotare il luogo dell'Altro di ogni attesa e permettere al soggetto di incamminarsi per la propria via.

Per questo Lacan ci ricorda che la bussola che orienta la sua pratica di psicoanalista è una: offrire all'analizzante un ascolto libero da qualsiasi finalità. Un ascolto che, diversamente da quello dei valutatori di ogni specie, non ha alcuna pretesa di misurare il valore delle vite che si raccontano. L'analista – come il maestro – non è niente se non una funzione che permette al processo di soggettivazione di innescarsi. Questo significa che né l'analista né il maestro occupano la posizione del padro-

[17] J. Lacan, *Discorso ai cattolici*, in *Dei Nomi-del-Padre seguito da Il trionfo della religione*, Einaudi, Torino 2006, p. 66 (traduzione leggermente modificata da chi scrive).
[18] Non è un caso che i tiranni di ogni genere abbiano sempre ecceduto con allegria nel dichiarare ai quattro venti il loro amore infinito per il popolo.

ne. Non pretendono di misurare, di valutare, di definire le vite che hanno di fronte nell'aula o stese sul divano.

Nel nostro tempo, dove il paradigma scientista appare soverchiante, la valutazione sembra essere diventata una prassi invasiva. Tutto deve essere misurato e quantificato, cioè tradotto in un numero. La pratica della psicoanalisi resiste a questo incubo della misura che feticizza la cifra. Per principio, lo psicoanalista non pretende di misurare le vite, né di dire che cosa sia il bene o il male per una vita. Ascolta senza giudicare e senza domandare. Mentre nell'ascolto confessionale – a cui erroneamente Foucault voleva ricondurre l'esperienza analitica – il prete giudica e prescrive l'entità della pena, l'espiazione, l'emendazione del peccato, l'analista ascolta le vite confidarsi nella loro piú intima scabrosità, nella loro stortura, senza alcuna pretesa di giudicare: l'ascolto analitico è un ascolto di pura gratuità, disinteressato in un senso eticamente profondo. Senza giudizio e senza misura[19].

Ma cosa rende possibile questo tipo di ascolto? La risposta di Lacan è chiara: «Tacere l'amore». Attenzione, però: questo significa che c'è dell'amore nell'ascolto che l'analista offre. Perché altrimenti si dovrebbe tacerlo? L'analista non è semplicemente il luogo neutrale, asettico, disumanizzato dal dispositivo analitico. Il tacere l'amore salva l'analizzante dall'idealizzazione ipnotica. Dunque, è un dono d'amore profondo. È quello che non è riuscito a fare, all'origine della psicoanalisi, Breuer di fronte ad Anna O. Breuer, infatti, è fuggito, spaventato dal transfert amoroso della sua paziente, rivelando in

---

[19] Questo ascolto è davvero ciò che specifica la posizione dell'analista e che la differenzia profondamente anche da quella del maestro, il quale, invece, è tenuto a parlare, a insegnare, a trasmettere il sapere.

questo modo, per negazione, tutto il suo amore. Forse è proprio a partire da questo che Freud ha istituito il dispositivo analitico fondato sulla regola dell'astinenza, che Lacan traduce, appunto, come saper tacere l'amore.

Lo abbiamo visto: saper tacere l'amore è a fondamento di ogni autentica pratica didattica. Il maestro non dice l'amore per i suoi allievi, non risponde – come mostra bene il gesto di Socrate – sul piano della corrispondenza amorosa. Preserva il silenzio sull'amore per essere efficace nel proprio lavoro. Perché solo questo silenzio rende possibile il trasporto del transfert, la spinta che anima il desiderio di sapere.

Capitolo terzo
La Legge della Scuola

Due etimologie del verbo «educere».

L'educazione come accrescimento, incremento, sviluppo progressivo e illimitato della conoscenza è un mito fasullo del nostro tempo. Questo mito corrisponde al modello dell'economia globale che considera l'espansione narcisistica di se stessi come la sola forma della verità. Diversamente, nessun processo educativo può essere assimilato a un programma di accumulazione di conoscenze già stabilite, né può essere teorizzato come una guida morale che sa condurre la vita sulla giusta via. È la prima etimologia del termine *educere*: condurre dietro di sé, condurre sulla giusta via. Da qui deriva un'idea dell'educazione come esplicazione guidata di potenzialità già inscritte naturalmente nel soggetto. Ma questa è solo una delle due possibili etimologie del termine *educere*.

La seconda mette invece in rilievo – come ha fatto notare in piú occasioni Riccardo Massa – l'esperienza dell'essere trascinati, sospinti, portati via, condotti oltre sino a divergere da ogni sentiero già tracciato. È il punto dove l'educazione sconfina nella seduzione (*educere* è prossimo a *seducere*) nel suo significato etimologico di «condurre in disparte, condurre via». Come abbiamo visto, nei termini della psicoanalisi, questo significa che non ci può essere trasmissione del sapere senza transfert, se però non riduciamo il transfert a una regressione infantilizzante che neutralizza il pensiero critico favorendo un'identificazione a massa, ma lo valorizziamo come messa in moto del desiderio, come movimento di separazione dal già conosciuto e dalla ripetizione di ciò che è stato. Allora l'educare coincide con l'apertura stessa della vita, con la possibilità di fare esperienza della vita come apertura illimitata.

Bisogna precisare come questo movimento di trascendenza non sopprima mai del tutto la tendenza dell'umano alla casa, all'identità, all'identificazione, al familiare, all'appartenenza. È un punto centrale che non deve sfuggirci: in ogni processo di «umanizzazione della vita» si tratta di tenere ogni volta vivo il battito che separa e unisce l'identità e la differenza, la chiusura e l'apertura, l'appartenenza e l'erranza. L'apertura e la scoperta non si oppongono al desiderio di identità e di protezione, ma danno luogo al ritmo che scandisce il processo della formazione:

> «Condurre in disparte», portare altrove, in un altro luogo, porre di fronte al nuovo, all'inaudito, all'imprevisto, all'insolito, al raro, al diverso, al mostruoso, adombrare e illuminare, nascondere e svelare, rapire e salvare, sottrarre e proteggere, fuggire e sostare, ma anche disorientare, spaesare, distogliere, spostare, decentrare, dislocare. La dinamica formativa in gioco è quella dell'aprire, del fare scoprire, del far sorgere, ma anche del ritrarre, dell'appartare e del rinchiudere[1].

Il punto è che educare non significa condurre lungo una via già tracciata, ma, a partire dalle proprie radici, spingere verso la possibilità inedita di fare esperienza dell'apertura dei mondi, di sostare in essa senza pretendere di appropriarsene, ma imparando a decentrarsi dal proprio Io e dai suoi fantasmi di padronanza. Lo afferma ancora Massa quando, ritornando sull'etimologia eretica

---

[1] R. Massa, *Educazione e seduzione*, in J. Orsenigo (a cura di), *Lavorare di cuore. Il desiderio nelle professioni educative*, Franco Angeli, Milano 2010, p. 54.

del termine *educere* e sulla sua prossimità con *seducere*, valorizza in senso educativo il concetto heideggeriano di *Lichtung*, di aperto, di radura:

> Portare via significa anche rapire, strappare, separare, sedurre. *Educere* assomiglia molto a *seducere*, anche nel senso di sviare e portare fuori strada. Ma soprattutto, prima che condurre in un luogo appartato, può significare condurre all'aperto. Il gesto educativo è il gesto di chi porta nella radura[2].

Senza desiderio di sapere non c'è possibilità di apprendimento soggettivato del sapere; senza transfert, trasporto, erotizzazione, non si dà possibilità di un sapere legato alla vita, capace di aprire porte, finestre, mondi. Perché vi sia desiderio di sapere è necessario un contagio, un incontro con un testimone di questo desiderio. In questo senso può precisare Massa:

> Socrate, in quanto educatore è molto piú corruttore che maieuta. O, per lo meno, è in quanto oggetto d'amore da parte dei giovani, anziché sedotto da essi, che può fungere da ostetrico e formatore[3].

La conoscenza non è solo assimilazione, immagazzinamento passivo di informazioni, sebbene la sua condizione preliminare sia la capacità dell'assorbimento mnemonico. Imparare significa, infatti, come Platone ha insegnato, ricordare. Ma ricordare il sapere acquisito non esaurisce affatto il movimento della conoscenza. Il valore dell'anamnesi che Platone, prima di Freud, riconosce come atto puro della conoscenza, non giustifica la riduzione di una pratica – quella didattica – alla pura attività conservativa della memoria. Il processo della conoscenza implica la memoria, ma solo al fine di sospenderla per rendere possibile un atto nuovo, una

---

[2] R. Massa, *Cambiare la scuola* cit., p. 26.
[3] *Ibid.*

soggettivazione inedita, dunque una disidentificazione dal discorso già costituito dell'Altro.

Questo significa che l'apprendimento implica sempre una quota necessaria di oblio che consenta al soggetto la separazione dal sapere già saputo dell'Altro. Nietzsche ha ben presente questo problema nella *seconda considerazione inattuale*, quando pone in antitesi la vita che serve il sapere al sapere che serve la vita[4]. Cosa hanno a che fare con la mia vita le cose che credo di conoscere obiettivamente? Questa domanda non dovrebbe sempre essere tenuta presente per aprire il campo a una possibile soggettivazione del sapere? Non dovrebbe essere alla base di ogni didattica?

Sappiamo anche che l'effetto della soggettivazione del sapere non sarebbe possibile senza il bagno preliminare nel linguaggio che è, innanzitutto, un bagno nella memoria. Anche Nietzsche riconosce che il non-storico, l'oscurità, l'oblio come esigenza irriducibile della vita che vuole vivere senza essere schiacciata dal peso inerte del passato, può realizzarsi solo se non si cancella totalmente la dimensione della storia, anche nei suoi aspetti piú antiquati e archeologici. Freud resta sulla stessa linea quando teorizza il lavoro del lutto come un lavoro psichico della memoria finalizzato a sciogliere il vincolo adesivo che la memoria stabilisce con l'oggetto irreversibilmente perduto.

---

[4] Cfr. F. Nietzsche, *Sull'utilità e il danno della storia per la vita*, Adelphi, Milano 1974. In questa prospettiva Bauman propone un'interpretazione inedita dei tre livelli dell'educazione distinti da Bateson: quello basico consiste nel trasferire e memorizzare le informazioni, quello medio nel padroneggiarle cognitivamente, mentre il piú alto, ma il piú patologico secondo Bateson, un vero e proprio «cancro» dell'apprendimento, almeno secondo la lettura proposta da Bauman, consiste invece nella capacità di «montare o rimontare» sino a «sospendere», a dimenticare, la cornice cognitiva acquisita precedentemente (cfr. Z. Bauman, *Conversazione sull'educazione*, a cura di R. Mazzeo, Erickson, Trento 2011, p. 23).

Il rapporto tra memoria e oblio non costituisce anche i due tempi logici fondamentali della didattica? Primo tempo: non c'è didattica che prescinda dalla memoria dell'Altro. Secondo tempo: ogni didattica implica necessariamente una sconnessione dall'Altro, l'assenza, l'oblio, l'introduzione di un punto vuoto, di una mancanza nell'Altro.

L'illusione del farsi un nome da sé.

Una formula libertaria di Moustapha Safouan sostiene che la vera educazione consiste nel sopprimere l'allievo. Brilla, in questa formula, un estremismo seducente che l'esistenza istituzionale della Scuola giustamente contrasta. L'educazione non può avvenire seguendo l'illusione dell'autoformazione, ma solo grazie all'esistenza di almeno un Altro: un professore, un insegnante, un maestro, un docente. Non esiste autoformazione se non come fantasma narcisistico che rigetta la Legge della castrazione. Non c'è processo educativo che possa prescindere dalle condizioni dettate dall'Altro[5].

Questo significa che, per rinunciare a essere allievi, bisogna riconoscere di esserlo stati e di avere avuto uno o piú maestri. L'allievo che rigetta l'effetto di formazione e di Scuola che lo ha plasmato, vive nel mito ipermoderno dell'autogenerazione di se stesso,

---

[5] Allo stesso modo non c'è educazione – come insegna Massa – che possa prescindere dalle condizioni anche materiali della sua produzione (setting scolastico, norme, leggi, spazi fisici, materiali didattici, ecc.). Nel pensiero pedagogico di Massa – come fa puntualmente notare Jole Orsenigo – la dimensione heideggeriana della radura – dell'educazione come apertura e possibilità – resta sempre solidale e saldamente intrecciata con quella foucaultiana dell'autonomia del dispositivo e dei suoi congegni materialisticamente determinati (cfr. J. Orsenigo, *Introduzione*, in *Lavorare di cuore* cit., p. 13).

rifiuta la filiazione simbolica che lo inscrive nell'Altro, si vorrebbe prometeicamente padrone del fuoco dichiarandosi senza padri. È stato l'errore in cui è incappata anche la grande contestazione del '68: liberarsi dei padri non significa farne a meno perché, come ricorda Lacan, per fare davvero a meno dei padri bisogna imparare a servirsene[6].

La versione dell'allievo che uccide l'allievo non può essere la figura di un giusto erede. L'esistenza della Scuola contrasta il mito narcisistico dell'autoformazione, del farsi un nome da sé, imponendo il rispetto e il debito simbolico nei confronti della memoria dell'Altro[7]. Se un maestro degno di questo nome sa trasmettere un sapere vivo, innescare il trasporto erotico del transfert, lo potrà fare solo perché avrà saputo tenere vivo in se stesso il sapere ricevuto dall'Altro. Ogni maestro degno di questo nome è, in questo senso, un giusto erede. Per questo sa sbarrare il sapere, sa mostrare che il limite del sapere non dipende dalla nostra volontà di sapere, ma è interno, estimo, strutturalmente immanente al sape-

---

[6] Il mio *Cosa resta del padre?* è, se si vuole, un lungo commento a questa formula di Lacan.

[7] È il punto dove la testimonianza del celebre e appassionato professor Keating di *L'attimo fuggente* (1989), notissimo film che suscitò sentimenti assai contrastanti tra allievi e insegnanti (solitamente amatissimo dai primi e criticatissimo dai secondi), mostra il suo lato piú equivoco: quando chiede ai suoi allievi di strappare le pagine dei manuali di letteratura, autorizzando in questo modo il rigetto del senso del debito, riducendolo, letteralmente, a cartastraccia. È il contrario della direzione suggerita da Pennac, il quale ricorda invece la nostra dipendenza strutturale dal «fiume della lingua» che ci rende tutti, in egual misura, figli dell'Altro, «figli della lingua»: «Suo figlio, cara signora, sarà sempre un bambino, un figlio della lingua, e anche lei un piccolo bebè, e io un ridicolo marmocchio, e tutti quanti noi minutaglia trascinata dal grande fiume scaturito dalla sorgente orale delle Lettere, e suo figlio vorrà sapere in quale lingua nuota, che cosa lo tiene a galla, lo disseta e lo nutre, e vorrà farsi lui stesso portatore di tale bellezza [...], adorerà tuffarsi nella lingua, pescarvi i testi in profondità, e per tutta la vita saperli lí, costitutivi del suo essere, poterseli recitare all'improvviso, dirli a se stesso per sentire il sapore delle parole. Portatore di una tradizione scritta che per merito suo tornerà a essere orale» (D. Pennac, *Diario di scuola*, Feltrinelli, Milano 2007, pp. 124-25).

re stesso. Il sapere non è mai un tutto-pieno, è sempre percorso da una faglia, dalla mancanza che abita il cuore dell'Altro. Non lo possiamo possedere come non possiamo possedere l'Altro da cui proviene.

È quello che racconta a suo modo il mito biblico dell'albero della conoscenza: non si può accedere al sapere di Dio, non si può spiegare Dio, non si può raggiungere il sapere assoluto, non si può sapere tutto. Questo sarebbe il peccato e la follia piú grande dell'uomo, perché renderebbe impossibile la conoscenza rigettando la ricerca nel nome di un'acquisizione senza resti di un sapere in grado di dire tutto l'essere.

L'erotica dell'insegnamento si sostiene invece sull'amore per il sapere che è amore per una mancanza che ci attira e causa il desiderio di sapere. Questo significa che il sapere non è cemento (armato?), né pappa asfissiante da ingurgitare, buona solo per generare anoressia mentale, ma è ciò che avvia una trasformazione del soggetto dalla quale scaturisce il *desiderio di sapere come condizione di ogni possibile sapere.*

Il trauma positivo della Scuola.

Nel nostro tempo l'insegnante è sempre piú solo. Questa solitudine non riflette solo la sua condizione di precariato sociale, ma, come abbiamo visto, anche la rottura di un patto generazionale coi genitori. Lo studio dello psicoanalista ne raccoglie frequentemente i cocci: genitori sempre piú complici e alleati di figli sempre meno riconoscenti e sempre piú pretenziosi, i quali anziché sostenere l'azione educativa della Scuola, di fronte al primo ostacolo, preferiscono spianare la strada ai loro figli, evitare l'inciampo, per esempio cambiando scuola o insegnanti, insomma recriminando continuamente contro l'Altro come fanno i loro stessi figli. Un tempo l'alleanza generazionale tra genitori e insegnanti non era mai in discussione. Il rischio era piuttosto quello di giustificare derive autoritarie del processo educativo. Oggi invece questa alleanza tende a dissolversi. L'ostacolo della differenza generazionale e dell'insuccesso scolastico viene vissuto solo come una frustrazione inutile che va semplicemente evitata. In questo difficile contesto la domanda che assilla l'insegnante sempre piú solo si radicalizza: come può continuare ad amare ciò che fa? Come può resistere all'appassimento, all'accomodamento sulla routine del sapere somministrato secondo gli standard stabiliti, alla tentazione del disinvestimento o del «rinunciantesimo»[8]? Come può tenere viva l'erotica che comporta la sua pratica?

La Scuola in quanto Scuola dell'obbligo – frutto di una Legge solo severa – uccide fatalmente l'istanza del desiderio. La psicoanalisi stessa mostra nella sua clinica come l'insistenza imperativa della domanda che viene dall'Altro («Studia!», «studia!») generi solo resistenza, rifiuto, opposizione, anoressia mentale[9]. Affinché possa esistere il desiderio è necessario uno spazio che separi il soggetto dalla domanda dell'Altro. Quando questo spazio manca, il soggetto può reagire difendendo il proprio desiderio minacciato dall'invasività dell'Altro, come accade, per esempio, nell'anoressia. Se l'Altro insiste a offrirmi solo la sua «pappa asfissiante» («Mangia!», «mangia!»), mi rifiuto di mangiarla affinché egli rico-

---

[8] Cfr. A Bajani, *La scuola non serve a niente* cit.
[9] Cfr. E.-C. Lasègue, *L'anoressia isterica*, in E.-C. Lasègue e W. W. Gull, *La scoperta dell'anoressia*, Bruno Mondadori, Milano 1998, p. 71.

nosca che non sono solo un tubo digerente ma un soggetto del desiderio.

Lo stesso ragionamento vale anche per molti problemi dell'apprendimento. Come si può, infatti, obbligare al desiderio? Non è una contraddizione in termini? Il desiderio non rigetta forse ogni senso dell'obbligo, non ne è forse l'acerrimo antagonista? È questo il paradosso della Scuola – il carattere decisivo della sua funzione – che si situa proprio in questo delicatissimo punto di snodo: *Come si può fare sorgere il desiderio – il desiderio di sapere – quando l'apprendimento del sapere deve essere obbligatorio? Come non rendere l'obbligatorietà un parassita mortale del sapere? Come, in ultima istanza, intrecciare il desiderio alla Legge?*

Considerare l'obbligo della scolarizzazione come un intruppamento disciplinare è un errore ideologico che vorrebbe risparmiare alla vita l'impatto inevitabile con il trauma della Legge. L'obbligo della scolarizzazione, che non deve essere confuso con l'azione repressivo-disciplinare della Scuola, impone invece un trauma benefico e necessario. Obbligare alla Scuola non autorizza a concepire l'educazione come un raddrizzamento autoritario delle viti storte. Sappiamo tutti che sono proprio le storture, le anomalie, le deviazioni dal solco già tracciato della normalità a esprimere solitamente i talenti piú generativi dei nostri giovani.

Il trauma della Scuola impone un taglio, una frattura, una separazione del soggetto dalla cultura e dalla lingua della sua famiglia. In nessun modo, infatti, la famiglia può esaurire l'orizzonte del mondo. L'obbligo della Scuola segna l'uscita necessaria del soggetto dalla famiglia e il suo possibile incontro con altri mondi: è l'obbligo dell'esilio, del passaggio dalla lingua madre alla lingua dell'alfabeto o alle altre lingue perché senza traduzione, come direbbe Benjamin, non c'è sopravvivenza[10].

Anche gli studi piú aggiornati sulla condizione della Scuola in Italia ci dicono che sono piú di ottanta le lingue che in essa si parlano. La Fondazione Agnelli ha recentemente confermato qualcosa che gli insegnanti democratici sanno già da tempo, e cioè che le classi che funzionano meglio sono quelle socialmente piú eterogenee. La Scuola porta con sé – nel proprio Dna – un'anima profondamente multiculturale perché sancisce l'obbligo dell'umano di rivolgersi al mondo, di staccarsi dal clan di appartenenza, o meglio, di vivere e di giocare culturalmente la propria appartenenza nella contaminazione e nell'incontro con l'Altro.

Nel nostro tempo la Scuola non è piú un'istituzione disciplinare, ma un'istituzione di resistenza all'indisciplina dell'iperedonismo acefalo che governa la nostra società. La pulsione sembra rifiutare l'obbligo della separazione introdotto dalla Legge della castrazione per mantenersi aderente alla Cosa materna e ai suoi surrogati incestuosi. La resistenza della Scuola consiste oggi nel sostenere il valore traumatico della Legge della parola in un tempo dove il solo obbligo che sembra esistere è quello del godimento fine a se stesso, del godimento come unica forma possibile della Legge.

La solitudine della Scuola e degli insegnanti è legata al loro agire in controtendenza rispetto alla direzione incestuosa del comandamento sociale oggi dominante che vorrebbe garantire la perenne connessione del sog-

---

[10] Cfr. W. Benjamin, *Il compito del traduttore*, in *Angelus novus*, Einaudi, Torino 1962, pp. 39-52. Devo questo riferimento a Francesco Cappa (Università Bicocca di Milano).

getto a una serie infinita di oggetti inumani: alcol, droga, psicofarmaci, l'immagine del proprio corpo, oggetti estetici e tecnologici piú vari[11]. Affinché possa esistere desiderio di sapere, ma anche formazione, educazione, «umanizzazione della vita», è necessario lo *svuotamento traumatico e preliminare di questa presenza adesiva dell'oggetto*. Perché vi sia desiderio di sapere, perché vi siano trasporto, transfert, movimento, erotizzazione della vita, apertura verso il sapere, verso la cultura, perché vi sia – come teorizza la psicoanalisi – sublimazione della pulsione, vi devono essere svuotamento, distacco, sconnessione, rifiuto del godimento immediato dell'oggetto. La sublimazione ha, infatti, come condizione di fondo il vuoto dell'oggetto, la sua perdita: la possibilità della parola è data solo quando la bocca non è piena di cibo, quando c'è silenzio sufficiente perché essa venga ascoltata.

In questo senso la Scuola dell'obbligo è un luogo, oggi sempre piú decisivo, di vera prevenzione primaria. La Legge che impone la via della parola come la via dell'«umanizzazione della vita», è la Legge che sa promettere una soddisfazione diversa da quella piú immediata sbandierata e celebrata dall'iperedonismo contemporaneo. La Scuola è un'istituzione che incarna un punto di resistenza etico alla cultura perversa del «perché no?» che sottrae ogni senso alla rinuncia e al differimento del soddisfacimento pulsionale. Già, «perché no?», perché l'esperienza del limite deve ancora avere un senso? Perché vi deve essere obbligo, Scuola dell'obbligo? Non certamente – come pensavamo nel '77 – perché il potere possa esercitare un controllo capillare

---

[11] Per tutti questi temi cfr. M. Recalcati, *L'uomo senza inconscio. Nuove figure della clinica psicoanalitica*, Raffaello Cortina, Milano 2010.

sulla vita. Questa è una rappresentazione datata della Scuola e divenuta, oggi, totalmente ideologica. L'obbligo della Scuola è benefico perché si sostiene su una *promessa* che è alla base di ogni processo formativo. È la promessa che deve saper far esistere un godimento piú forte, piú potente, piú grande di quello realizzato perversamente con il consumo immediato e la dipendenza compulsiva dalla presenza dell'oggetto. Questo altro godimento, questo godimento supplementare, si può raggiungere solo attraverso la via della parola e del desiderio: è godimento della lettura, della scrittura, della cultura, dell'azione collettiva, del lavoro, dell'amore, dell'erotismo, dell'incontro, del gioco.

La promessa che la Scuola oggi sostiene, fatalmente controvento, è che il desiderio umano, per dispiegarsi, per divenire capace di realizzazione, ha bisogno di qualcosa che sappia incarnare la Legge della parola. Perché senza questa Legge non c'è desiderio, ma solo disumanizzazione nichilista della vita.

Allucinazione e sublimazione.

Il lavoro degli insegnanti è diventato un lavoro di frontiera: supplire a famiglie inesistenti o angosciate, rompere la tendenza all'isolamento e all'adattamento ebete e conformistico di molti giovani, contrastare il mondo morto degli oggetti gadget e il potere seduttivo della televisione e delle nuove tecnologie, riabilitare l'importanza della cultura relegata dall'iperedonismo contemporaneo al rango di una pura comparsa sulla scena del mondo, riattivare le dimensioni vitali dell'ascolto e della parola, rianimare desideri, progetti, slanci, visioni in una generazione cresciuta attraverso modelli identificatori apaticamente pragmatici, disincantati, cinici e narcisistici, nutrita da un uso smodato della televisione e dal regime della connessione perpetua alla rete.

Gli insegnanti piú consapevoli ce lo dicono in tutti i modi: «Non ascoltano piú!», «Non parlano piú!», «Non studiano piú!», «Non leggono piú!», «Non desiderano piú!» Gli allievi di oggi coltivano il sogno di un'autonomia dall'Altro di fronte a una crisi strutturale del sistema capitalista che, anziché favorire un processo di indipendenza, tende a prolungare una dipendenza sintomatica.

L'illusione di una «via breve» al successo personale oggi affascina e genera modelli pericolosi che trascurano la disciplina paziente della formazione e alimentano il rifiuto ostinato di ogni differimento del godimento. Per Freud questo modello di soddisfacimento, raggiunto per «via breve», corrisponderebbe al meccanismo psicotico dell'allucinazione[12]. Oggi si è esteso, è diventato il modello prevalente di un appagamento pulsionale che sembra bruciare ogni differenza (necessaria alla formazione) tra assenza e presenza[13]. Il culto del godimento immediato della Cosa finisce per negare la sua assenza simbolica, promettendo un appagamento senza mancanza. Mentre la Legge della parola mostra come tutti gli esseri umani, in quanto esseri di linguaggio, siano sottoposti all'esperienza della perdita di godimento e della perdita della presenza della Cosa

---

[12] Sulla dimensione psicotica e perversa non solo della psicopatologia contemporanea ma dei nostri legami sociali, cfr. le mie tesi in M. Recalcati, *L'uomo senza inconscio* cit.

[13] Cfr. J.-P. Lebrun, *Les couleurs de l'inceste. Se déprendre du maternel*, Denoël, Paris 2013.

incestuosa, il culto iperedonista della presenza rigetta il tempo della non-Cosa – dell'assenza della Cosa –
promettendo un godimento sempre presente, a disposi-
sizione, un godimento a portata di mano, di orecchio,
di bocca, aderente al corpo del soggetto. Questo cor-
tocircuito incestuoso della pulsione, favorito dall'iperedonismo contemporaneo, trascura la «via lunga» del
soddisfacimento che per Freud trova il suo modello
elettivo nella sublimazione.

Da una parte, dunque, il modello allucinatorio della
«via breve» esclude il passaggio obbligato attraverso l'Altro, cioè attraverso la perdita di godimento che l'Altro
inscrive nel cuore dell'umano (l'accesso alla parola non
può che avvenire sullo sfondo dell'assenza della Cosa);
dall'altra parte, il modello sublimatorio della «via lunga»
impone che la pulsione rinunci al suo soddisfacimento
immediato, al culto della presenza, per raggiungere –
secondo Lacan, sulla «scala rovesciata della Legge del
desiderio»[14] – un soddisfacimento che non dissipa la vita ma la potenzia rendendola generativa.

Ma questo secondo modello – che è il modello di
ogni possibile percorso di educazione o di «umanizzazione della vita» – sembra essere collassato di fronte a
un'invasività della presenza che esclude l'assenza, ovvero di un godimento (per Lacan «mortale») che esclude il desiderio. La domanda che dobbiamo porci è allora questa: com'è possibile, nel tempo allucinato di una
presenza sempre presente, tenere ancora vivo il motore
del desiderio, se questo motore si nutre profondamente
dell'esperienza dell'assenza?

Basta osservare i nostri figli alle prese con gli ogget-

---

[14] J. Lacan, *Sovversione del soggetto e dialettica del desiderio* cit., p. 830.

ti tecnologici. La distinzione tra un uso patologico e un uso fecondo sta proprio nel rapporto con l'assenza. In certi casi, la connessione diventa perpetua e impedisce l'oscillazione creativa tra assenza e presenza di cui si nutre la dialettica simbolica. La continuità della connessione sembra far sprofondare l'assenza nel nulla. L'intervallo tra presenza e assenza viene cancellato, il vuoto riempito, la negatività della mancanza stordita, il desiderio reso impossibile.

Bonificare la pulsione di morte, la tendenza del godimento a sospingere la vita verso la morte, può essere un effetto della Scuola sulla vita del soggetto. Lo ricorda Pasolini quando descrive la tossicomania giovanile come l'esito di un «desiderio di morte» che si afferma sullo sfondo di un grande «vuoto di cultura»:

> La droga è sempre un surrogato. E precisamente un surrogato della cultura [...]. La droga viene a riempire un vuoto causato dal desiderio di morte e che è dunque un vuoto di cultura[15].

La «dematernalizzazione» della lingua.

Com'è possibile, oggi, restituire la giusta centralità alla dimensione dell'assenza di cui si nutre il desiderio? Non è forse questa la missione che unisce tutte le figure (a partire da quelle dei genitori) impegnate nel discorso educativo? Missione impossibile, decretava Freud. Aggiungendo, però, a questa profezia pessimistica una buona notizia: i migliori educatori sono quelli che sono consapevoli di questa impossibilità, quelli che non si identificano nella posizione ideale dell'educatore. I migliori

---

[15] P. P. Pasolini, *La droga. Una vera tragedia italiana*, in *Lettere luterane*, Garzanti, Milano 2009, p. 98.

sono quelli che hanno contattato la loro insufficienza, che hanno fatto esperienza dell'impossibilità di controllare in modo deterministico e disciplinare il processo di «umanizzazione della vita». Sono quelli che hanno preso coscienza dell'impossibilità e del danno che provocherebbe porsi come educatori ideali! Chi si pone la finalità di formare il proprio allievo in base all'adeguamento a un modello o a una misura ideale procede inevitabilmente lungo un sentiero assai pericoloso. Il processo di formazione diviene un dare forma seguendo un modello ideale già precostituito. Di qui a teorizzare l'educazione come soppressione delle anomalie del soggetto per farne un esemplare normale il passo è breve e preoccupante, perché a fondamento di ogni autoritarismo.

Il soggetto è nulla senza l'Altro, ma non potrà mai trovare nell'Altro nulla in grado di rappresentare la verità del suo desiderio. Due vuoti vengono a sovrapporsi: il vuoto del soggetto scavato dall'Altro e il vuoto dell'Altro scavato dal soggetto. Pensiamo al rapporto tra linguaggio e parola. Sappiamo che la distinzione tra *langue* e *parole* è una delle innovazioni preminenti della lezione linguistica di Saussure: l'evento singolare e diacronico della parola dipende dal sistema sincronico della lingua. La dimensione individuale della parola accade solo grazie all'esistenza sovraindividuale del Codice. Lacan preciserà che non c'è possibilità della parola se non per la via dell'alienazione introdotta dal potere del significante. Come dire che il soggetto non occupa innanzitutto la posizione dell'oratore o dell'emittente di un messaggio, ma quella di un atomo del discorso già costituito; soggetto assoggettato alle leggi del linguaggio che prima di essere l'emittente di un messaggio si trova a portare sulla nuca il messaggio che l'azione dell'Altro vi ha tatuato; messaggio al tempo stesso illeggibile dall'Io e determinante il destino stesso del soggetto[16].

Dire che la parola è nulla senza linguaggio significa dire che la Scuola esiste come un'istituzione che risponde a leggi materiali e simboliche proprie, alle quali il soggetto è tenuto a obbedire, ad assoggettarsi se vuole riconoscersi in una catena di filiazione, se vuole riconoscersi come allievo. Significa che non si dà alcuna possibilità di autoformazione, o, se si preferisce, che l'autoformazione è un fantasma che il nostro tempo sponsorizza come emblema di un culto solo immaginario della libertà. Questo fantasma rifiuta infatti la dipendenza strutturale che lega il soggetto all'Altro, per affermare un'autoconsistenza del soggetto che prescinde dall'Altro e che rende il lavoro dell'istituzione superfluo, non necessario, nemico. Il vento anti-istituzionale che caratterizza il nostro tempo trae forza proprio da questo fantasma. Come scrive Kaës, il fantasma di autoformazione «esclude, come pericolosa irruzione dell'Altro e della differenza, ogni ricorso ad un altro formatore. [...] Garantisce di non essere mai esposto alla separazione dalla madre o messo alla prova dalla legge paterna»[17].

Al contrario, ogni processo di formazione avviene

---

[16] «In quanto tale, il soggetto si situa in rapporto a ciò, vi è iscritto, e da ciò è determinato, con una determinazione di tutt'altro registro da quello delle determinazioni del reale, dei metabolismi materiali che l'hanno fatto sorgere in quest'apparenza di esistenza che è la vita. La sua funzione, in quanto continua questo discorso, è di raccapezzarsi al suo posto, non semplicemente come oratore, ma in quanto, fin dall'inizio, interamente determinato da esso. Ho spesso sottolineato che fin da prima della nascita, il soggetto è già situato, non soltanto come emittente, ma anche come atomo del discorso concreto. È nella linea di danza del discorso, *è lui stesso, se volete, un messaggio. Gli è stato scritto un messaggio sulla testa, e si situa interamente nella successione dei messaggi*» (J. Lacan, *Il seminario. Libro II. L'Io nella teoria di Freud e nella tecnica della psicoanalisi*, Einaudi, Torino 1991, p. 357, corsivi nostri).

[17] R. Kaës, *Quattro studi sulla fantasmatica della formazione e il desiderio di formare*, in aa.vv., *Desiderio e fantasma in psicoanalisi e pedagogia*, Armando, Roma 1981, p. 29.

come un effetto di decentramento dell'Io che esige la
rottura con un ideale narcisistico e autocentrato di se
stessi, la rinuncia alla lingua materna, il taglio simbolico della castrazione, la perdita di godimento, l'esperienza del desiderio. Per questa ragione la Scuola è sempre
– simbolicamente – Scuola dell'obbligo. Impone che il
trauma del linguaggio si manifesti primariamente – nella scuola primaria, per l'appunto – come trauma dell'alfabeto, trauma, afferma Lacan, della «dematernalizzazione» della lingua[18]. Questo trauma strappa il soggetto dal fondo di «lalingua» (*lalangue*) e, grazie al Terzo
simbolico della Scuola, lo espone all'alterità irriducibile
del linguaggio.

Non si sottolineerà mai abbastanza l'importanza di
questo svezzamento simbolico primario che la Scuola
rappresenta nel processo di «umanizzazione della vita». Ogni fantasma di autoformazione e del mito della libertà senza vincoli, dell'illusione del farsi da soli,
cozza contro lo spigolo duro dell'istituzione, la quale,
dunque, mai come oggi, può essere ridotta all'irruzione
del godimento sadico dell'educatore autoritario che vorrebbe raddrizzare la stortura della vite, ma appare come il solo baluardo capace di resistere a un godimento
della libertà che corre dritto verso la morte, nella misura in cui nega la Legge della castrazione come Legge
che tutela l'esperienza del limite e dell'impossibile. La
Scuola come trauma della «dematernalizzazione» della lingua è assolutamente necessaria alla vita. Non solo
perché disfa l'illusione neoliberale dell'autogenerazione
– del farsi un nome da sé –, ma perché sostituisce al godimento immediato di una libertà senza responsabilità

---

[18] Cfr. J. Lacan, *Il seminario. Libro XI. I quattro concetti fondamentali della psicoanalisi (1964)*, Einaudi, Torino 1974, p. 284.

la possibilità di una soddisfazione raggiunta attraverso la via del desiderio.

In molti bambini con difficoltà nella simbolizzazione della separazione, andare a scuola diventa un vero e proprio incubo. Il rifiuto della scolarizzazione, in questi casi, è l'effetto di un legame con l'Altro che non è stato sufficientemente svezzato dall'intervento di un Terzo simbolico autorevole. Per questa ragione l'ingresso nella scuola primaria è sempre un test retroattivo assai significativo di come il soggetto sia riuscito o meno a simbolizzare le separazioni dagli oggetti pregenitali che caratterizzano lo sviluppo della libido: oggetto orale (svezzamento), oggetto anale (educazione sfinteriale) e oggetto fallico (capacità di tollerare la mancanza).

Nel simpatico racconto di un mio collega il trauma della «dematernalizzazione» della lingua si manifesta proprio intorno all'oggetto anale. La scuola elementare che frequentava era proprio di fronte a casa sua. Ogni volta che doveva svuotare il suo intestino, gli bastava attraversare la strada per farlo in tutta tranquillità nel suo bagno. Il Terzo non aveva fatto ancora irruzione sulla scena. Andare a scuola non era stato simbolizzato come taglio irreversibile dalla casa familiare. Le sue difficoltà di apprendimento erano l'indice sintomatico di questo laccio che continuava a persistere e che lo vincolava saldamente alla lingua materna. Finché un bel giorno la maestra, vedendolo incamminarsi in pieno orario di lezione tranquillamente verso casa, gli chiese dove stesse andando. Essendo stata informata sulle sue abitudini, gli intimò di fare quel che doveva fare nei bagni della scuola. Quell'intervento produsse in lui un'apertura verso il sapere in cambio di una perdita di godimento. La Scuola fu, allora, davvero simbolizzata come un passaggio dal discorso familiare al discorso sociale.

È questa tutta la portata virtuosa del trauma della «dematernalizzazione» della lingua: il soggetto è obbligato a decentrarsi, a non restare incapsulato nel proprio Io, a non essere incentrato solo su se stesso.

La memoria di «lalingua».

Il trauma necessario della «dematernalizzazione» della lingua non genera mai una soppressione o una colonizzazione cognitiva di quella lingua che ha unito il bambino, prima del suo accesso alla lingua alfabetica, a una lingua fatta di corpo e di carne, intrisa di pulsione, che Lacan definisce «lalingua» (*lalangue*). Questa lingua piú arcaica resta nel soggetto come una sorta di brace accesa, come la matrice affettiva, emotiva, carnale e precategoriale del linguaggio, la quale continuerà a esistere e ad accompagnare come un'ombra l'ingresso del soggetto nel linguaggio alfabetico. Ciò significa che il trauma della «dematernalizzazione» della lingua non è mai senza resti. Si può dire, piuttosto, che il «processo di umanizzazione della vita» consiste nel riprendere costantemente le matrici di questa lingua «primitiva» attraverso l'assunzione delle leggi del linguaggio anche fino al limite della loro dissoluzione e del trionfo puro di «lalingua», come accade in Joyce[19].

---

[19] Con l'*Ulisse* e soprattutto con *Finnegans Wake* ci troviamo di fronte a testi che non sono piú organizzati secondo le normali leggi del linguaggio, poiché vi fa irruzione un altro linguaggio – il linguaggio monologante di «lalingua» – dove è il significante nella sua materialità fonematica a infarcire da cima a fondo il significato. Al punto che in *Finnegans Wake* la lettura stessa diventa ostica, im-

Possiamo ritrovare numerosi esempi di questa persistenza della memoria di «lalingua». Un esempio particolarmente toccante riguarda il protagonista del romanzo *Il professore di desiderio* di Philip Roth, un giovane professore di letteratura e scrittore. Mentre sua madre sta per scomparire nel regno dei morti, portata via da uno spietato tumore al pancreas, lui, in preda all'insonnia per l'agonia di lei, ritorna spesso con la mente a una parola enigmatica, uno scarabocchio, a cui non sa attribuire alcun significato preciso. Si tratta di una parola illeggibile, confusa, disordinata, una sorta di pezzo di reale che solo dopo diverso tempo potrà riconoscere. In questo segno confuso si coagula senza articolarsi il legame intensissimo del figlio con la madre. L'intuizione che permette il riconoscimento è improvvisa:

> La parola si rivela essere null'altro che la fila di tasti, letti da sinistra a destra, su cui mia madre mi insegnava a posare i polpastrelli quando imparavo a battere a macchina [...], una parola che nelle sue sillabe impronunciabili racchiude tutto il dolore delle energie sprecate e della vita frenetica di lei. E anche il mio dolore. All'improvviso mi vedo litigare con mio padre a proposito dell'epitaffio: ci scagliamo addosso enormi macigni e io insisto con lo scalpellino perché sotto il suo nome sulla lapide venga inciso: ASDFGHJKL[20].

La lingua dello scrittore conserva la sua matrice arcaica in «lalingua». A tale persistenza di «lalingua» nel trauma benefico e necessario della «dematernalizzazione» deve essere sensibile ogni insegnante, perché proprio da questa brace prende corpo la stortura della vite che dobbiamo imparare a coltivare e amare anziché provare a raddrizzare. D'altra parte non è l'evento stesso della parola a mostrare, ogni volta che accade, il limite del linguaggio?

---

possibile o al limite della praticabilità. Cfr. aa.vv., *Joyce. Sintomo, arte e follia*, in «LETTER(a)», III (2013).

[20] Ph. Roth, *Il professore di desiderio*, Einaudi, Torino 2010, p. 100.

L'atto singolare della parola buca il Codice universale della lingua, ed è, come tale, sempre un'invenzione al limite del neologismo psicotico[21]. Questo significa che in ogni atto di parola pulsa, sino alla morte, lo sfondo vivente e carnale di «lalingua». Per quanto il soggetto sia costituito dall'Altro del linguaggio come una serie stratificata e passiva di segni, marche, impronte e tatuaggi simbolici, l'evento singolare della parola non può mai essere compreso nell'orizzonte di un Codice già stabilito.

Ritroviamo qui di nuovo i due poli fondamentali entro i quali si snoda il processo della formazione: la parola non è nulla senza il linguaggio, ma il suo evento singolare eccede l'orizzonte stabilito dal linguaggio[22]. Ogni processo educativo o didattico scorre tra il polo della parola singolare e quello universale del linguaggio. Se per un verso l'evento singolare della parola esorbita il campo del linguaggio, è anche vero che nel linguaggio stesso noi possiamo ritrovare l'impronta singolare della parola. Essere nel linguaggio significa, infatti, essere presi da significanti che agiscono su di noi non come indici comunicativi di un significato, né come concatenamenti con altri significanti, ma come emergenze della memoria, come marche della nostra provenienza di esseri che vengono dal linguaggio, che, direbbe Heidegger, abitano il linguaggio.

Lo fa notare a suo modo anche Daniel Pennac, quando ci mostra come, nella sua pratica didattica, imparare

---

[21] Cfr. J.-A. Miller, *Clinica ironica*, in *I paradigmi del godimento*, Astrolabio, Roma 2001, pp. 210-18.

[22] La poesia, piú di ogni altra arte, mostra l'azione sovversiva pura che la parola esercita sul campo strutturato del linguaggio. Nella parola poetica non c'è affermazione del Codice ma esperienza traumatica ed estatica del suo scompaginamento. Essa mostra che il carattere universale del linguaggio viene costantemente esorbitato dalla trascendenza singolare della parola nel suo atto.

a memoria non significhi solo piegarsi all'autorità del discorso già costituito, abdicare supinamente al proprio discorso per identificarsi passivamente con il discorso dell'Altro, ma acconsentire a fare un bagno nel linguaggio come luogo della nostra provenienza. La Scuola non dovrebbe solo testimoniare l'educazione all'oblio per rendere possibile l'atto singolare della soggettivazione del sapere, ma anche l'educazione alla memoria come condizione dell'oblio:

> Imparare a memoria? Nell'epoca in cui la memoria si misura in giga! Tutto questo è vero, ma l'essenziale è altrove. Imparando a memoria, non supplisco a nulla, aggiungo a tutto. La memoria, qui, entra nel cuore della lingua. Tuffarsi nella lingua, è questo che conta. E se tuffandomi bevo, poi mi rituffo lo stesso. Facendo imparare a memoria tanti testi ai miei allievi [...] li gettavo vivi nel grande fiume della lingua, quello che scorre lungo i secoli per venire a bussare alla nostra porta e ad attraversare la nostra casa[23].

23 D. Pennac, *Diario di scuola* cit., pp. 123-24.

Capitolo quarto

L'ora di lezione

Il libro diventa un corpo.

Il lavoro dell'insegnante è uno dei lavori piú decisivi nella formazione dell'individuo anche se, come abbiamo già ripetuto, nel nostro Paese viene bistrattato e umiliato sia economicamente che socialmente[1]. Resta il fatto che non sapremo mai abbastanza dare il giusto peso a come l'incontro con un insegnante possa davvero cambiare una vita, renderla diversa da prima, favorire la sua trasformazione singolare. Accade come con l'incontro con certi libri o con certe opere d'arte. Il mondo continua a essere quello di prima, certo, ma non è piú lo stesso. È come prima e non è piú come prima.

È questo l'effetto di un incontro con una testimonianza che sa incarnarsi: le stesse cose si imparano a vedere in modo nuovo. L'erotica dell'insegnamento non può prescindere da questa incarnazione e da questo incontro. La cosiddetta «attività didattica» non può essere schiacciata sulla dimensione meramente cognitiva in opposizione alla funzione valoriale e affettiva dell'educazione. Istruzione e educazione sono una falsa alternati-

---

[1] Il gesto dell'allora neoincaricato presidente del consiglio Matteo Renzi di inaugurare il suo mandato prendendo la parola in una scuola di Treviso, anziché giustificare i paragoni rabbiosi e privi di fondamento con l'esibizione tutta muscolare del Duce mentre trebbia il grano (il fascismo elogia la terra *contro* la cultura), dovrebbe essere valorizzato adeguatamente come un'indicazione di rotta decisiva: senza la Scuola non c'è futuro, non c'è vita possibile della Comunità.

va². Non ci sarebbe un'istruzione senza effetti educativi né un'educazione senza effetti di trasmissione dell'istruzione. Nella Scuola l'educazione non può prescindere dalla trasmissione di determinati contenuti didattici. Alfabetizzazione e capacità di contare sono, per esempio, due acquisizioni necessarie che ordinano il livello dell'istruzione primaria. Il significato dell'istruzione in senso stretto resta un elemento essenziale di cui ogni pratica di insegnamento deve tener conto. Allo stesso modo non possiamo sganciare l'istruzione dal processo dell'educazione, cioè dell'«umanizzazione della vita».

Piú radicalmente, dovremmo pensare che nella trasmissione cognitiva del sapere sia già in gioco un effetto educativo piú ampio. L'essenziale dell'insegnamento consiste nel mobilitare il desiderio di sapere, nel rendere corpo erotico l'oggetto teorico, si tratti di una poesia di Pascoli o della successione di Fibonacci. Ne deriva che l'erotica dell'insegnamento appare già in se stessa un'alternativa alla sterile opposizione di istruzione (contenuti) e educazione (valori). Questa erotica mostra concretamente come l'oggetto del sapere (dell'istruzione) possa diventare di per sé un elemento essenziale del processo educativo.

Sapere, infatti, non significa solo accrescere le conoscenze, potenziare la propria istruzione, ma anche e soprattutto imparare ad aprirsi all'apertura del desiderio, aprire attraverso questa apertura altri mondi rispetto a quelli già conosciuti. Per questo l'erotica non può mai essere situata in alternativa alla didattica. E questo riguarda sia la pratica dell'insegnamento sia quella dell'apprendimento. È il valore del gesto di Socrate riletto da Lacan: il transfert è trasporto amoroso, «innamoramen-

---

² La sterilità dell'opposizione tra educazione e istruzione è un tema centrale dell'insegnamento di Riccardo Massa (cfr. *Cambiare la scuola* cit., pp. 27-30).

to primario» che investe il sapere e colloca l'oggetto del desiderio nel campo dell'Altro.

Dove c'è didattica autentica, non c'è opposizione tra istruzione e educazione, tra contenuti cognitivi e relazione affettiva, tra nozioni e valori. Perché la didattica autentica è sempre attraversata dal corpo, dalla pulsione, avendo come sua meta piú alta la *trasformazione degli oggetti del sapere in corpi erotici*. Questa trasformazione non avviene come cancellazione della routine imposta dalla vita dell'istituzione scolastica, non avviene come rottura dell'*automaton*, ma come evento che irrompe sulla scena dell'*automaton*. Questa irruzione separa il soggetto dalla claustrofilia del familiare per aprirlo a un nuovo orizzonte. La pulsione imbrigliata dalle catene incestuose della lingua materna può plasticamente diffondersi sul mondo. Diventa quella sostanza ultrapiatta che si espande fuori dai bordi del corpo per estendersi nel mondo[3]. È il flusso libidico di quella pulsione che Melanie Klein definisce «epistemofilica».

Per questo la cultura coincide con la Legge della parola, che interdice, come abbiamo visto, l'accesso immediato al godimento incestuoso costringendo la pulsione a soddisfarsi attraverso un giro piú lungo. Diversamente dall'allucinazione che cortocircuita sull'oggetto scardinando ogni mediazione simbolica, la Legge della parola mostra che la soddisfazione della pulsione avviene dislocandosi altrove rispetto alla presenza della Cosa materna. Françoise Dolto sintetizza tutto questo nel modo piú semplice possibile quando afferma che l'evento della parola prevede che la bocca, per accedere al dono della parola, non sia piú occupata dalla presenza del se-

---

[3] Cfr. J. Lacan, *Il seminario. Libro XI* cit., p. 200.

no. In questa sublimazione fondamentale, gli oggetti del sapere vengono trasfigurati in oggetti erotici, prendono il posto di oggetti pulsionali. I libri danzano, diventano corpi in movimento, corpi erotici. Qualcosa si muove e ci trasporta. Ecco il miracolo della lezione! Trasportare il desiderio, mettere in moto, decentrare la visione. Allora il libro acquisisce un vero e proprio corpo. Ecco perché la lettura può diventare a sua volta una pratica capace di soddisfare la pulsione.

Il corpo diventa un libro.

Questa prima sublimazione – il libro viene elevato alla dignità di un corpo erotico – ne rende possibile una seconda, ancora piú decisiva, che accompagna le grandi e straordinarie trasformazioni dell'adolescenza. È il momento in cui, per una sorta di sublimazione a rovescio, *è il corpo che diventa un libro*. Il corpo sessuale non è solo strumento per il mio godimento, ma diventa qualcosa da poter leggere: libro erotico, libro fatto di carne, libro pulsionale. È un corpo che non ci si stanca mai di leggere e di divorare: corpo fatto di pagine e di scrittura. Doppia trasformazione, dunque: la lezione genera corpi erotici dagli oggetti del sapere, ma il suo effetto si prolunga al di là del sapere generando libri dai corpi, trasformando il corpo dell'amata in un libro.

Se la Cultura viene al posto della droga – come direbbe Pasolini –, se ci separa dall'allucinazione del godimento incestuoso, può davvero trasformare il mondo stesso in un libro. E in questa trasformazione trova posto l'amore come ammirazione per il mondo dell'Altro. La possibilità che il corpo diventi un libro coincide, infatti, con la possibilità dell'amore che, in fondo, è il nome piú alto dell'incontro, in quanto ogni incontro degno di questo nome è sempre un incontro d'amore. Per questa ragione Freud definisce la sublimazione non tanto come un meccanismo di difesa («intellettualizzazione» come difesa dalla pulsione contrapposta alla soddisfazione direttamente sessuale della pulsione), ma come un tipo speciale di soddisfacimento pulsionale che esclude la rimozione («soddisfazione senza rimozione»). Nella sublimazione c'è godimento del corpo ma non di tipo apertamente sessuale, poiché la pulsione non è in presa diretta sul corpo ma erotizza il sapere, eleva gli oggetti culturali a mete sessuali[4]. Spiegare, allora, una poesia di Ungaretti, le leggi della termodinamica, la deriva dei continenti, una lingua nuova, la bellezza formale di un'operazione matematica o di un teorema di geometria, non è mai semplicemente istruire, trasmettere aseticamente contenuti da un recipiente a un altro, ma è riuscire a mantenere vivi gli oggetti del sapere generando quel trasporto amoroso ed erotico verso la cultura che costituisce il piú potente antidoto per non smarrirsi nella vita: è già educare.

Il gesto del maestro – a qualunque livello si esprima, dalla scuola elementare sino all'università –, essendo un gesto che sa trasformare i libri in corpi erotici, che sa rendere il sapere un oggetto che causa il desiderio, agisce allargando l'orizzonte del mondo, trasporta la vita altrove, al di là del già visto e del già conosciuto: la educa nel senso etimologico piú radicale. In questo senso la Scuola eredita il dono del linguaggio, se il linguaggio è quel dono che sa

---

[4] Sulla nozione di sublimazione in Freud (e in Lacan), mi permetto di rinviare a M. Recalcati, *Il miracolo della forma. Per un'estetica psicoanalitica*, Bruno Mondadori, Milano 2007, pp. 14-20.

allargare gli orizzonti del mondo. Come avviene? Esiste una e solo una condizione perché questo possa avvenire e riguarda il modo, lo stile, col quale un insegnante entra lui stesso in rapporto con ciò che insegna. È solo l'amore – l'eros – col quale un insegnante investe il sapere a rendere quel sapere degno di interesse per i suoi allievi, a renderlo un oggetto capace di causare il desiderio. Come vedremo meglio in seguito, la trasmissione del sapere avviene solo per contagio, per testimonianza.

Il declino dell'ora di lezione.

Uno dei problemi della Scuola oggi è che gli insegnanti sono oppressi per la maggior parte del tempo da mansioni che esulano completamente dall'attività didattica, cioè dal compito specifico dell'insegnamento. L'ora di lezione, che dovrebbe essere il cuore pulsante della Scuola, è marginalizzata da attività che esulano dalla didattica in senso stretto, schiacciata sotto la pressa di una valutazione sempre piú ridotta a misurazione[5]. Lo constatano tutti, non senza una certa amarezza: la scuola di ogni ordine e grado sembra ridotta a un «esamificio». L'impeto valutativo vorrebbe imporre scansioni dell'apprendimento uguali per tutti, depersonalizzando, rendendo tutto misurabile e quantificabile. Questa degenerazione docimologica della Scuola riflette il culto feticistico del numero e della quantificazione che, come abbiamo visto, è un idolo imperante del nostro tempo. Alla Scuola centrata sull'erotica dell'insegnamento

_____

[5] Sull'eccedenza che invece dovrebbe distinguere la valutazione dalla misurazione, cfr. le pertinenti osservazioni di A. Rezzara, _Un dispositivo che educa. Pratiche pedagogiche nella scuola_, Mimesis, Milano 2010, pp. 107-25.

si sostituisce la Scuola performativa della trasmissione delle competenze. Il principio di prestazione surclassa il processo di erotizzazione del sapere.

È vero: il nostro tempo non coltiva piú l'ideale di una Scuola autoritaria e disciplinare, non è piú il tempo dove l'allievo viene assimilato a una vite storta e l'insegnante a un paletto dritto e a un fil di ferro capace di raddrizzarne l'anomalia, non è piú la Scuola-Edipo. Il conformismo attuale non è piú morale, ma strettamente cognitivo e produttivo. L'allievo non è piú una vite storta, ma una macchina che deve esprimere prestazioni adeguate. Sono i due modelli del sapere che si sono susseguiti, come abbiamo visto, nel passaggio dalla Scuola-Edipo alla Scuola-Narciso. Se nel primo prevale l'istanza morale-valoriale (l'educazione raddrizza le storture delle viti rendendole tutte uguali), nel secondo prevale l'istanza cognitiva-performativa: l'apprendimento è il riempimento del cervello di *files* che segue l'ideale di un travasamento – potenzialmente illimitato – di informazioni nella sua memoria. All'illusione botanica si è sostituita quella tecnologico-cognitivista: morte dei libri, informatizzazione degli strumenti didattici, esaltazione delle metodologie dell'apprendimento, accanimento valutativo, burocratizzazione fatale della funzione dell'insegnante che deve sempre piú rispondere alle esigenze dell'istituzione e non a quella degli allievi, declino dell'ora di lezione.

La parola ha un corpo.

Di fronte alla liquefazione della Scuola c'è qualcosa che resiste: sono gli insegnanti nel loro rapporto con il desiderio di sapere. Ma cosa resta del mestiere di insegnante oggi? La parola come esperienza della trasmissione, la scrittura come testimonianza capace di unire in modo singolare e irripetibile la vita al senso. Ecco cosa resta. La scrittura come nome ultimo della vita nel senso che sono la vita stessa e le nostre infinite pratiche, i nostri atti, la testimonianza che noi stessi sappiamo dare della vita, a essere la forma piú alta della scrittura.

Ritorniamo sulla faglia che attraversa il sapere e che troviamo anche al centro del linguaggio. Se l'alfabeto è un codice che bisogna conoscere per parlare, la parola è ciò che genera le infinite possibilità di questo codice. È questo il potere della letteratura e, piú in generale, il potere della parola. Le parole sono vive, entrano nel corpo, bucano la pancia: possono essere pietre o bolle di sapone, foglie miracolose. Possono fare innamorare o ferire. Le parole non sono solo mezzi per comunicare, le parole non sono solo il veicolo dell'informazione, come la pedagogia cognitivizzata del nostro tempo vorrebbe farci credere, ma sono corpo, carne, vita, desiderio. Noi non usiamo semplicemente le parole, ma *siamo fatti di parole, viviamo e respiriamo nelle parole*. Per Saussure è come per il gioco degli scacchi: ciascun pezzo può muoversi solo nel rispetto di determinate leggi (*lingua*), ma la mossa che ciascun giocatore può compiere è sempre singolare e non può essere prevista in anticipo da quelle leggi (*parola*). Significa che se la parola dipende dal codice del linguaggio, non è mai già tutta contenuta in quel codice. La sua capacità generativa trascende sempre il suo uso codificato.

Questo significa anche che la parola non si limita a uscire dal corpo, ma *ha* un corpo. Cos'è, allora, un'ora di lezione? È un incontro con l'ossigeno vivo del racconto, della narrazione, del sapere che si offre come un evento. Anche quando i suoi oggetti sono teoremi, equazioni, vulcani, cellule, formule chimiche, non solo quadri di Tintoretto o di Van Gogh, poesie di Saba o di Rilke. Accade ogni volta che la parola di chi insegna apre mondi nuovi. Ogni volta è un risveglio. Ogni volta sorge un nuovo mondo. Accade come nell'incontro amoroso. L'impatto con il corpo della parola, quando avviene, è sempre un incontro erotico. Se la parola sa incarnarsi in una testimonianza – se chi parla mostra che quel che dice ha un rapporto stretto con la vita del desiderio, se chi parla parla a partire dal proprio desiderio – gli oggetti del sapere acquisiscono lo spessore erotico di un corpo, si libidicizzano, si animano.

L'illusione dell'insegnante psicologo.

Recentemente un'altra illusione ha fatto capolino nel mondo della Scuola: la diffusione inflattiva della psicologia. Non mi riferisco agli psicologi o agli psicopedagogisti che lavorano nelle scuole – lavoro oggi piú che mai necessario –, ma a una mutazione dello statuto dell'insegnante che da maestro tende sempre piú frequentemente a diventare un confessore d'anime. È l'illusione dell'insegnante-psicologo che possiamo sintetizzare con il racconto che ho udito fare da un professore liceale di filosofia a un convegno sulla Scuola al quale ho partecipato.

Questi si vantava, nel suo lavoro quotidiano, di lasciare intenzionalmente da parte i contenuti dei programmi ministeriali per dedicarsi a intercettare i segni di disagio esistenziale dei suoi allievi, raccogliendo le loro confidenze piú personali. Ai suoi occhi non era fondamentale insegnare l'importanza delle categorie kantiane, ma instaurare un clima di fiducia reciproca. Non che questo clima sia inessenziale all'apprendimento. Anzi. Tuttavia la fiducia che piú conta nella didattica non è mai quella psicologica, perché la didattica non è una terapeutica.

In classe si genera fiducia quando la parola dell'insegnante si rivela degna di rispetto e tale diventa solo se è appassionata a ciò che insegna. Certo, non tutti gli insegnanti sono Roberto Benigni quando legge e commenta Dante. Ma in quel Benigni che legge e commenta Dante c'è una chiave davvero essenziale per cogliere il mestiere dell'insegnante. Non è quella lettura della *Commedia* un esempio luminoso della trasformazione del libro in un corpo erotico? La fiducia che fonda la didattica non scaturisce dal rapimento (transfert, trasporto, innamoramento primario) che comporta l'erotica dell'insegnamento?

Bisogna essere chiari: la funzione dell'insegnante non è quella dello psicologo o dello psicoterapeuta. Mettere da parte lo studio di Aristotele, di Spinoza o di Hegel come faceva quel professore, per dare voce alla sofferenza dei ragazzi (della quale, com'è noto, i programmi didattici si disinteressano), non significa tendere una mano, ma rinunciare a percorrere la «via lunga» della sublimazione che genera l'erotizzazione progressiva del sapere, abdicare o stravolgere la propria funzione. Quale nuova pericolosa illusione si annida in questo atteggiamento psicologizzante degli insegnanti? L'amore per il sapere lascia il posto a una supplenza diretta del mestiere del genitore o dell'educatore in generale. Nella mutazione psicologistica dell'insegnante l'effetto del transfert lascia il posto a un confidenzialismo che rischia di introdurre fenomeni suggestivi che nulla hanno a che fare con l'erotica dell'insegnamento. Mentre l'informatizzazione cognitivista della Scuola si nutre dell'illusione di un sapere senza vita, questa nuova ondata psicologista sembra invece alimentarsi dell'illusione di una vita senza sapere. Si tratta però di due facce della stessa medaglia, accomunate da un'unica e fondamentale dimenticanza: l'importanza dell'ora di lezione nel promuovere l'amore verso il sapere come condizione per ogni possibile apprendimento. Gli scandali che riguardano professori che abusano del loro ruolo per coltivare relazioni sessuali con allievi e allieve minorenni esaspera sintomaticamente questo equivoco. Cosa vi possiamo leggere? Una distorsione, o se si preferisce, una deviazione patologica del transfert che, invece di sostenere l'erotica dell'insegnamento che erotizza gli oggetti del sapere, finisce per erotizzare il corpo dell'insegnante.

La divisione costituente della Scuola.

La Scuola apre mondi. La sua funzione resta quella di aprire mondi. Non è solo il luogo istituzionale dove si ricicla il sapere dello Stesso, ma è anche potere dell'incontro che trasporta, muove, anima, risveglia il desiderio. Quando la Scuola diventa il luogo mortifero della ripetizione dello Stesso, siamo di fronte a una patologia del suo discorso che Lacan ha decifrato come dominio unilaterale del discorso universitario sugli altri discorsi: dominio del sapere come S_2, sapere anonimo e burocratico, privo di soggettivazione. Sapere ripetuto senza invenzione, senza desiderio, sapere morto che consolida l'ignoranza istituzionalizzandola[6]. Ma la Scuola non può essere ridotta a questa patologia.

Piuttosto emerge qui la divisione costituente della Scuola come istituzione: da una parte è il luogo di un'apertura, dall'altra di una chiusura del sapere; da una parte genera la meraviglia della nascita di mondi sconosciuti, dall'altra li sigilla in nozioni che suscitano solo noia. Da una parte propone la bellezza della radura che si apre attraverso l'incontro con i corpi erotici del sapere, dall'altra impone il tedio della burocrazia e di un trantran mortificante. Da una parte, insomma, la *tyche* e le pulsioni di vita, dall'altra l'*automaton* e le pulsioni di morte. Non è esperienza comune a molti quella di rifiutare la lettura dei *Promessi sposi* o di qualche altro classico imposto dai programmi scolastici, per poi riscoprirne la bellezza solo quando il tempo obbligatorio della Scuola si è esaurito?

La Scuola vive in questa divisione permanente senza possibilità di superarla, perché il suo superamento la renderebbe un'officina autoritaria di fabbricazione delle menti o il luogo caotico e dispersivo di una libertà senza limiti e fatalmente inconcludente. In questa divisione si rivela il compito difficile che attende gli insegnanti: com'è possibile, nel tempo della ripetizione uniforme e routinaria imposta dal dispositivo scolastico, non farsi stordire dalla noia, non lasciarsi consumare da questo stesso dispositivo sapendo risvegliarsi ogni volta alla bellezza del proprio lavoro? Insomma, come può un dispositivo di potere non disgiungersi dall'erotica dell'insegnamento? Senza dispositivo la Scuola non esistereb-

[6] J. Lacan, *Io parlo ai muri*, in *Il mio insegnamento e Io parlo ai muri*, Astrolabio, Roma 2014, p. 98.

be, sarebbe vuota, ma senza erotica dell'insegnamento la sua esistenza sarebbe cieca[7].

Nel nostro tempo è scontato affermare che il sapere della Scuola è un sapere morto. Lo vediamo nelle aule delle scuole primarie come in quelle universitarie. Essere di fronte a un sapere morto significa che il registro dell'*automaton* rende impossibile quello della *tyche*. Le teste cadono sui banchi, il sapere si ricicla senza aprire mondi, ma contribuendo a sigillare e a riprodurre per sempre lo Stesso mondo. È l'effetto di ogni scolastica. Si vede anche nelle scuole di psicoanalisi, dove la tendenza dell'ortodossia è di imbalsamare il sapere vivente dell'inconscio in una necrofilia dello Stesso che toglie il fiato a una disciplina che dovrebbe invece portare con sé la bellezza e l'entusiasmo dell'invenzione permanente. Ecco il problema che ogni insegnante affronta quotidianamente: se la didattica è vincolata al ritorno anonimo dello Stesso (programmi, orari, esami, valutazioni, regolamenti, ecc.), come renderla ogni volta nuova? Se l'illusione scolastica irrigidisce il sapere in un corpo morto, come fare, tenendo conto della necessità insuperabile del dispositivo e della sua organizzazione, a custodire lo spazio per la sorpresa, l'emozione e la bellezza erotica del sapere?

Non dimentichiamolo: il mondo che si apre nella lezione ha come condizione il mondo chiuso dell'istituzione. Eros non può prescindere dal potere. Questo significa che solo la sottomissione al dispositivo della relazione maestro-allievo genera la possibilità dell'altrove. È solo l'esperienza del chiuso che sospinge ver-

---

[7] Lo sintetizza lucidamente Jole Orsenigo: «Potere ed eros non possono mai essere disgiunti in educazione» (*Tra pederastia e pedofilia: il posto vuoto della passione educativa*, in *Lavorare di cuore* cit., p. 85).

so la necessità dell'apertura. Per questo Lacan associa la claustrazione alla rivolta. E in questo senso ogni trasmissione mantiene sullo sfondo l'operatività simbolica della Legge della castrazione, che sancisce innanzitutto, come abbiamo visto, il trauma obbligatorio della «dematernalizzazione» della lingua.

Un maestro è degno di questo nome se sa rendere operativa la mancanza dell'Altro; una lezione è tale solo se sa tenere sveglio il desiderio, se sa generare transfert, trasporto, innamoramento primario sul sapere. Quel che resta della Scuola deve essere la Scuola come sentinella dell'erotismo del sapere, della possibilità contingente del risveglio. Qualcosa resiste, insiste, qualcosa ama, qualcosa si lascia trasportare: la parola della lezione indica, attira e mobilita a sé una volontà di sapere che non si accontenta mai del sapere già acquisito.

L'effetto di Scuola.

Il rischio piú recente è quello della produzione dei linguaggi sclerotizzati tipici dei saperi specializzati, ma, ancora piú profondamente, di quei saperi che diventano dottrine, custodi fondamentalisti dell'esistenza di un solo mondo. Nondimeno la Scuola – ogni Scuola – deve continuare a generare insegnamento, trasmettere saperi, linguaggi, concetti. Ed è dunque fatale che in ogni Scuola si produca un effetto di omologazione parziale della lingua. È il problema che investe qualsiasi magistero: l'insegnamento tende a generare una lingua comune, un vero e proprio gergo, che rischia di produrre identificazione piuttosto che un processo di soggettivazione.

E tuttavia l'effetto scolastico non è solo una maledizione, perché l'incontro con un magistero è sempre necessario alla formazione. Piuttosto il fenomeno patologico dell'irrigidimento scolastico del magistero avviene quando questa lingua omologata diventa la sola, l'unica possibile, dando cosí luogo alla sua inevitabile feticizzazione idolatrica. Finisce allora quell'esercizio di traduzione delle lingue che rende autenticamente democratica la vita di ogni Scuola: vita che non pretende di chiudere il mondo nello stesso mondo, in un solo mondo, sempre in quello stesso mondo.

Lo diceva – ricordiamolo – Gilles Deleuze quando opponeva la forza del maestro che sa generare il Nuovo agli effetti sclerotizzanti prodotti dalla sua istituzionalizzazione[8]. Con l'aggiunta doverosa, forse critica verso Deleuze stesso, che non si tratta mai di opporre il maestro all'istituzione, quanto piuttosto di vedere come ogni Scuola possa vivere in se stessa questa divisione costituente tra invenzione e ripetizione, *tyche* e *automaton*, apertura e chiusura.

L'ora di lezione.

Cosa può e deve poter rompere l'*automaton* della ripetizione per rendere possibile l'effetto singolare di un insegnamento, al di là dell'illusione scolastico-dogmatica dell'esistenza di una sola lingua? Dove gli scolari annoiati come me hanno potuto conoscere la potenza generativa della Scuola, al di là dei suoi effetti di assoggettamento e di uniformazione? La risposta è una sola: *a lezione, durante l'ora di lezione.*

[8] Cfr. G. Deleuze, «*È stato il mio maestro!*», in *L'isola deserta e altri scritti. Testi e interviste 1953-74*, Einaudi, Torino 2007, p. 96.

Lo sappiamo tutti: un'ora di lezione può cambiare una vita, imprimere al destino un'altra direzione, sancire per sempre quella che si era solo debolmente già abbozzata. Tutti abbiamo fatto esperienza di cosa può essere un'ora di lezione: visitare un altro luogo, un altro mondo, essere trasportati, catapultati in un altrove, incontrare l'inatteso, la meraviglia, l'inedito. Può avvenire a tutti i livelli previsti dell'apprendimento, dalle scuole primarie sino all'Università. La sostanza non cambia. Quando c'è lezione, c'è sempre effetto di soggettivazione, effetto-*tyche*, incontro inatteso con qualcosa che tocca, con un reale che accende e sovverte. E questo non avviene solo con la filosofia o con l'arte, ma anche con i numeri o con l'anatomia, con la chimica o la fisica. Avviene con qualunque oggetto del sapere. Un insegnamento è, infatti, la possibilità, come abbiamo già detto, di trasformare gli oggetti del sapere in corpi erotici. Questo significa che il transfert – l'innamoramento primario – disloca l'oggetto che causa il desiderio nel campo dell'Altro. Sono la parola, la presenza e la voce del maestro ad avviare questo spostamento. Si tratta di uno squarcio che si ripete ogni volta che si genera effetto di insegnamento.

L'ora di lezione avviene seguendo la logica burocratica del calendario, della distribuzione del tempo stabilita dal regolamento, della scansione imposta dai programmi. Eppure non è mai prevedibile, nei suoi effetti, da nessun regolamento. Ecco apparire nuovamente la struttura divisa della Scuola: esistono un programma didattico e la sua verifica permanente, ma la didattica, l'evento della didattica, scompagina assolutamente questo piano, lo eccede e lo stravolge sempre.

Ogni volta che Franco Fergnani usciva dall'aula 503

o 521 di Filosofia morale dell'Università statale di Milano, avevamo fatto insieme a lui, *con lui*, un'esperienza mentale e umana intensissima che debordava decisamente il circuito chiuso del regolamento. Ogni volta era uguale e ogni volta era diversa. Lezioni che apparivano ai nostri occhi come piccoli diamanti: *Essere e tempo* di Heidegger o *L'essere e il nulla* di Sartre diventavano incredibilmente vivi, pulsanti, straripavano dalle loro cornici stabilite per entrarci dentro. La parola del professore sapeva scuoterci scuotendo i testi che commentava. I concetti acquisivano uno spessore fisico, materiale, diventavano davvero corpi erotici. La erre arrotata e le gesticolazioni talvolta convulse accompagnavano una parola che ci sapeva accendere. E alla fine ne volevamo ancora, ancora un po', ancora: avremmo desiderato non terminasse mai. La lezione proseguiva anche fuori dall'aula, tra noi, ogni volta. Discutevamo quello che avevamo appreso perché il sapere trasmesso era vivo e, dunque, germinava in noi, tra noi, si ripercuoteva, esigeva di parlare ancora.

Il maestro non solo conduce lungo strade che non si conoscono affatto, ma, soprattutto, come ci indica il gesto di Socrate, muove il desiderio del viaggio. In questo senso la lezione è un incontro che rompe la realtà uguale a se stessa dell'*automaton* istituzionale. È ancora oggi quello a cui personalmente punto ogniqualvolta mi trovo in un'aula: tenere sveglio chi mi ascolta, impedire che la sua testa cada comatosa sul banco, forzare la tendenza al sonno, provocare risvegli, far sentire la forza della parola.

L'incontro con il tempo della lezione, con la parola viva della lezione, quando avviene, quando accade, quando si dà la sua esperienza autentica, rende dav-

vero possibile l'incontro che fa *tyche*, l'incontro con il
Nuovo, con il non ancora visto, il non ancora saputo, il
non ancora conosciuto. Quel che resta della Scuola non
è forse la possibilità permanente che vi sia nel dispositivo dominato dall'*automaton* la possibilità inesauribile di
una *tyche*? L'effetto di una lezione non è forse l'effetto
dell'apertura di un mondo? Di un «vento di primavera», come direbbe il Nietzsche di *La gaia scienza*? L'insegnamento scolastico, abbiamo visto, tende a sigillare
i mondi, a chiuderli per sempre, a renderli ingranaggi
stereotipati e, sappiamo bene, che quando il sapere si
chiude in questo modo può diventare solo godimento
dell'Altro che comprime il soggetto nella posizione di
un oggetto passivo goduto, appunto, dall'Altro. Tuttavia questo non intacca il fatto che una lezione, se è tale,
resta un tempo dove si può dare esperienza dell'incontro
con l'altrove, dove può esserci *resistenza all'inesorabilità
dell'automaton*: una lezione resta il miracolo dell'incarnazione viva ed erotica del sapere che contagia e mette in moto. Resta quel tempo dove ci si raduna attorno
a un'esperienza di sapere che sa toccare qualcosa della verità: l'esperienza del libro che sa includere e non
escludere la vita.

«*Adoro insegnare*».

Daniel Pennac, in *Diario di scuola*, propone un ritratto mirabile dell'ora di lezione:

> Se voglio sperare nella loro piena presenza, devo aiutarli a calarsi
> nella mia lezione. Come riuscirci? È qualcosa che si impara, soprat-
> tutto sul campo, col tempo. Una sola certezza, la presenza dei miei
> allievi dipende strettamente dalla mia: dal mio essere presente all'in-
> tera classe e a ogni individuo in particolare, dalla mia presenza alla

mia materia, dalla mia presenza fisica, intellettuale e mentale, per i cinquantacinque minuti in cui durerà la mia lezione[9].

Questa «presenza» che, secondo Pennac, ogni maestro deve saper incarnare e tenere viva, è la forma principale che assume il desiderio dell'insegnante. Per rendere presenti gli allievi nell'ascolto, è necessario che il maestro sappia innanzitutto rendere presente a se stessa la propria presenza. Non c'è alcuna tecnica che possa compensare un'eventuale «assenza di presenza». La presenza dell'insegnante assume le forme di uno stile. Perché quello che conta innanzitutto è lo stile singolare del maestro. Capita ogni volta che un insegnante parla. Al di là di ciò che dice, conta da dove dice ciò che dice, da dove trae forza la sua parola. Qual è il punto singolare di enunciazione da cui scaturiscono i suoi enunciati? La forza dell'enunciazione coincide con la sua presenza presente. L'insegnante parla e non è altrove, ma qui con noi. Non vorrebbe essere in un altro luogo. Desidera essere dov'è. E questo gli rende possibile evocare con forza altri luoghi. Solo la presenza dell'insegnante sa convocare alla presenza l'assenza di cui si nutre ogni trasmissione autentica di sapere:

> È immediatamente percepibile, la presenza del professore calato appieno nella propria classe. Gli studenti la sentono sin dal primo minuto dell'anno, lo abbiamo sperimentato tutti: il professore è entrato, è assolutamente qui, si è visto dal suo modo di guardare, di salutare gli studenti, di sedersi, di prendere possesso della cattedra. Non si è disperso per timore delle loro reazioni, non si è chiuso in se stesso, no, è a suo agio, da subito, è presente, distingue ogni volto, la classe esiste subito davanti ai suoi occhi[10].

Il giovane protagonista del *Professore di desiderio* di Philip Roth, in una confessione pubblica rivolta ai suoi

---

[9] D. Pennac, *Diario di scuola* cit., p. 103.
[10] *Ibid.*, p. 106.

studenti, dichiara di non temere il transfert («un forte legame affettivo») che fatalmente potrà sorgere nel
corso della sua attività didattica: «È vero, nei prossimi
due semestri passeremo insieme tre ore alla settimana
per parlare di libri, e so per esperienza, come lo sapete
voi, che in tali condizioni può svilupparsi un forte legame affettivo»[11].

L'ora di lezione non esclude e non teme mai l'eros.
Piuttosto si nutre della sua potenza. Può incarnare l'essenziale del processo educativo superando le rigide e
infruttuose distinzioni tra apprendimento cognitivo e
relazione emotiva, tra istruire e educare, tra concetti e
affetti. Tuttavia l'erotica della trasmissione non implica nessuna simmetrizzazione falsamente paritaria della relazione didattica. Il maestro e l'allievo non occupano luoghi identici, non sono uguali. Una differenza
simbolica ripartisce nettamente le loro posizioni: sono
separati come lo sono il padre e il figlio, la vecchia e la
nuova generazione. La trasmissione del sapere s'inscrive sempre in un processo di filiazione.

Per questo il professore di Roth spiega ai propri allievi che si atterrà «alle convenzioni che per tradizione
regolano i rapporti tra studenti e docenti» e ricorda:

> Sono uno dei pochi professori che ancora danno del lei agli stu
> denti. E in qualunque abbigliamento voi vi presentiate – in tenuta da
> meccanico, accattone, zingaro o ladro di bestiame – io preferisco fare
> lezione al vostro cospetto in giacca e cravatta[12].

Ma non è questo ancora che costituisce il «desiderio del professore». Non è dare del lei, non è indossare la giacca e la cravatta. Il desiderio del professore è

---

[11] Ph. Roth, *Il professore di desiderio* cit., p. 164.
[12] *Ibid.*

qualcos'altro. È un desiderio eccentrico al desiderio di guidare le vite o le coscienze. Non è desiderio di educare, né desiderio di fare imparare. Piuttosto è desiderio per il sapere, è desiderio di insegnare senza che vi sia una finalità intenzionale di formare. È il desiderio di insegnare, unito ovviamente alla conoscenza di ciò che si insegna, che produce effetti di formazione:

> Adoro insegnare [...]. Di rado mi sento cosí bene come quando sono qui con le mie pagine di appunti, i miei testi sottolineati e persone come voi. Per me non c'è altro nella vita che valga l'ora di lezione. A volte, quando siamo nel mezzo di una discussione – quando ad esempio uno di voi con una sola frase è arrivato al cuore del libro di cui si parla –, vorrei urlare: «Amici miei, tenetevi cari questi momenti!» Perché? Perché una volta usciti di qui accadrà di rado, se non mai, che qualcuno vi parli o vi ascolti nel modo in cui vi parlate e ascoltate fra voi e con me in questa stanzetta spoglia e luminosa[13].

Lo stile e la voce.

Proviamo a fare un esperimento mentale e chiediamoci: quali sono gli insegnanti che non abbiamo mai dimenticato? Dalla scuola materna sino all'università ciascuno di noi ricorda i loro nomi. Diversi, finanche lontanissimi tra loro. Maria Teresa Farina e Fernanda Fossati, che incontrai nelle mie travagliatissime scuole elementari; Rino Rega, insegnante di materie letterarie nelle scuole medie; Giulia Terzaghi, professoressa di lettere che mi portò all'esame di maturità. E poi quelli della facoltà di Filosofia dell'Università statale di Milano: Mario Dal Pra, Emilio Agazzi, Riccardo Massa, Carlo Sini e, tra tutti, Franco Fergnani. E poi quelli della psicoanalisi, di cui voglio ricordare, tra i tanti, solo il nome di Jacques-

---

[13] *Ibid.*, p. 165.

Alain Miller, mio analista e maestro. Ebbene, in modi diversi e lontanissimi tra loro, tutti questi insegnanti hanno saputo incarnare ai miei occhi il sapere in modo unico, singolare, irripetibile.

Sono i maestri che non scordiamo, quelli che hanno lasciato un'impronta indelebile dentro di noi. È l'etimo del verbo insegnare: lasciare un'impronta, un segno, nell'allievo. Non li scordiamo non solo per quello che ci hanno insegnato, per il contenuto dei loro enunciati, ma innanzitutto per *come* ce lo hanno insegnato, per l'enigma irrisolvibile della loro enunciazione, per la loro forza carismatica e misteriosa. È quello che piú conta nella formazione di un bambino o di un giovane. Non il contenuto del sapere, ma la *trasmissione dell'amore per il sapere*.

Gli insegnanti che non abbiamo dimenticato e di cui ricordiamo bene i nomi, i volti, il timbro della voce, la figura, coi quali abbiamo una relazione di debito e di riconoscenza, sono quelli che ci hanno insegnato innanzitutto che *non si può sapere senza amore per il sapere*, che il sapere raggiunto senza desiderio è sapere morto, sapere separato dalla verità, sapere falso. Diciamolo meglio: questi insegnanti hanno incarnato ai nostri occhi uno «stile». Lacan lo diceva a suo modo, riprendendo un celebre detto di Buffon: «Lo stile è l'uomo». Ma cos'è lo stile?

Non può ridursi ovviamente a una somma di competenze, come ci vorrebbero far credere i programmatori cognitivisti. Né a un carattere particolarmente inconsueto e forte. Uno stile è il modo di dare forma a una forza, di rendere il sapere vivo, agganciato alla vita, di abitare un'etica della testimonianza che rifiuta qualunque criterio normativo di esemplarità. Lo stile è il modo singolare con il quale un insegnante entra, lui stesso, in rapporto col sapere. Ma è anche il modo di trasmettere il sapere che da questo rapporto singolare scaturisce. Nella pratica dell'insegnamento la caratteristica piú profonda dello stile si manifesta nella voce. Questo significa che lo stile riguarda da vicino come un insegnante investe il suo essere pulsionale, singolare, sintomatico, come impegna il suo desiderio nella relazione didattica. La voce dell'insegnante non è altro che l'espressione materiale e spirituale di questo impegno. Il suo timbro, le sue flessioni, la sua particolarità sono il primo indice dello stile. Noi non dimentichiamo mai la voce dei nostri maestri. La voce inconfondibile di Pasolini che legge *Le ceneri di Gramsci* o quella struggente di Berlinguer che parla al suo popolo sono manifestazioni fortissime e delicatissime della potenza carismatica dello stile. Poiché il carisma altro non è che il modo singolare con il quale un insegnante fa vibrare il sapere che trasmette ai suoi allievi.

È la voce che dà spessore, carne, corpo pulsionale alla parola. Non esce semplicemente dal corpo come una sostanza piú o meno fluida potrebbe uscire da un recipiente che la contiene. Il corpo non è il contenitore della voce, cosí come la parola non è la sua semplice manifestazione fonematica. Gli insegnanti di cui non abbiamo dimenticato il nome e l'esistenza sono quelli di cui non dimentichiamo la voce perché in loro la voce ha acquisito la stessa fisionomia singolare di un corpo. Non esce dal corpo ma *è* un corpo. Ascoltiamo la voce lucidissima di Severino mentre discute in aula il problema dell'essere, quella piú metallica di Foucault che parla al Collège de France o quella di Enzo Bianchi che predica alla sua gente. Queste voci, il loro timbro unico, la loro carnalità, la loro profonda corporeità, non sono rivestimenti secondari della parola, ma sono già stili, sono stili in atto, luoghi di addensamento singolari del carisma irripetibile del maestro.

La voce come stile dell'insegnante rende vivo il sapere, nel senso che non si limita a trasmetterlo ma lo sa rianimare permanentemente. Anche quello enciclopedico, libresco, universitario. Gli esempi dei grandi commentatori orali quali Kojève, Lacan e Deleuze, ma al loro fianco anche Roberto Benigni, lettore e commentatore straordinario di Dante, e con lui tutti gli insegnanti che abbiamo amato, anche quelli delle elementari, mostrano, piú di altri, come lo stile si manifesti nella capacità di restituire vita a saperi che possono sembrare morti.

In questa operazione la voce non è mai inessenziale. Anche quando è roca, gracchiante o appesa a un filo, la voce non è mai solo un ponte per la parola o per il pensiero già fatti nella mente del maestro perché talvolta anticipa la parola e il pensiero. Ogni insegnante sa che deve usare la voce per non fare addormentare chi ascolta. È il punto minimo, come abbiamo visto, da cui scaturisce ogni insegnamento: tenere sveglio chi ascolta. È qualcosa di molto simile a quello che Winnicott definisce come obiettivo basico di ogni seduta analitica: sopravvivere[14].

Certo, la voce nel suo esercizio non può non rivelare un potere seduttivo di cui il Novecento ha conosciuto gli effetti piú nefasti nella stagione storica dei totalitarismi. Conosciamo la voce ruvida ed esaltata di Hitler che parla alla radio o quella del Duce che arringa le folle dal pulpito di piazza Venezia a Roma. Anche in questo

---

[14] Cfr. D. Winnicott, *Gioco e realtà*, Armando, Roma 1974, pp. 157 e 160.

caso la voce si dà come luogo di un magnetismo che può trascinare via. Ma queste voci – le voci che spingono alla distruzione, alla guerra e all'odio – non sanno affatto aprire mondi. Sanno convocare la massa per identificarla all'Uno di un solo mondo. Promettono mondi senza dare testimonianza credibile di cosa significhi aprire mondi.

La voce che sa aprire mondi è, invece, quella che sceglie la via della parola e della sua Legge che è la Legge della traduzione che esclude la possibilità dell'esistenza di un solo popolo, di una sola lingua, di una sola identità, di una sola razza, di un solo mondo. Per questa ragione la voce del maestro protegge sempre il particolare dal fanatismo dell'universale. Non sortisce mai da una seduzione fine a se stessa, non debilita il potere critico della ragione, ma lo rafforza, lo potenzia. I bravi insegnanti non esaltano la virtú carismatica della loro voce per concentrare il transfert sul culto della loro persona, ma per aprire mondi. Il processo della formazione deve staccare l'allievo non dall'amore per il suo maestro (segno di un debito simbolico inesauribile) né dai suoi enunciati (la cui trasmissione genera un effetto positivo di Scuola, cioè di appartenenza), ma dalla sua presenza. Per un allievo questo significa innanzitutto imparare a trovare, in modo singolare, un punto di enunciazione proprio.

Per trovare il nostro punto singolare di enunciazione non bisogna negare il transfert sul maestro e l'amore che questo comporta, ma sapersene servire. Non si tratta di lasciarsi ipnotizzare dalla seduzione della ripetizione – della riproduzione dell'enunciazione del maestro –, ma di riconoscere il debito con lo stile del maestro per raggiungere un proprio stile. Per questo ogni volta che parlo, mentre gesticolo, tossisco, o quando mi fermo in una pausa nel corso di una mia lezione, ritrovo sempre su di me, ogni volta, la memoria dei miei maestri – dei loro tratti e delle loro incidenze –, che ho portato con me, in me, che non ho mai dimenticato.

Uno stile, infatti, come una vita, non nasce dal nulla, ma sorge sempre da stratificazioni multiple, impronte, tratti identificatori, memorie. All'inizio c'è solo caricatura, all'inizio siamo sempre solo la caricatura dei nostri maestri. Poi col tempo, quando la separazione viene soggettivata simbolicamente, emerge uno stile singolare dalla massa di tutti quei resti identificatori che ci legano al maestro. Nessuno stile è mai puro, poiché in ogni stile – magari in un anfratto recondito – residua sempre lo stile dei nostri vecchi maestri. È il tema dell'eredità: nessuno si costituisce da sé ma solo nella ripresa singolare di ciò che l'Altro ha fatto di lui.

Parlare ai muri.

Qualcosa sembra accomunare l'esperienza dell'insegnamento. Ogni insegnante ne ha fatto esperienza sulla sua pelle: *ha parlato ai muri.*

L'insegnamento porta con sé, sempre, un'inevitabile esperienza di solitudine, nonostante si tratti di trasmettere un sapere, di farlo circolare, di condividerlo con altri. Parlare ai muri è la condizione strutturale di ogni insegnamento, perché in ogni insegnamento è in gioco un'impossibilità. Quale? Quella di una trasmissione integrale, senza resti, trasparente, del sapere. La solitudine del maestro non è allora solo una figura retorica, ma dice qualcosa della postura essenziale di ogni insegnamento. Se insegnare significa letteralmente, come abbiamo visto, lasciare un'impronta, una traccia, un segno nell'allievo, è perché si esclude che la trasmissione possa ridursi a una clonazione, ovvero alla riproduzione passiva e conformistica della parola del maestro.

Al contrario, un buon effetto di insegnamento consiste nel rendere possibile la soggettivazione del sapere a partire dall'impronta che sa lasciare nell'allievo. È quello che ci ricorda Rovatti quando afferma che «l'insegnamento ha a che fare con la soggettivazione» e che «insegnare significa, né piú né meno, insegnare a qualcuno a divenire un soggetto»[15]. Questo significa che l'impronta del maestro non è e non deve essere un calco, sebbene ogni insegnamento porti con sé, sempre, questo rischio. Per questo i veri maestri spesso trovano insopportabili gli allievi che fanno loro il verso.

Troviamo in Jacques Lacan un riferimento esplicito all'esperienza del parlare ai muri come condizione di fondo di ogni insegnamento, e della psicoanalisi in particolare[16]. Come si può infatti insegnare una disciplina che sonda la vita del soggetto nella sua particolarità piú irriducibile? Come si può insegnare un'esperienza? La psicoanalisi sembra resistere a ogni forma di trasmissione essendo una pratica che esclude per principio la generalizzazione, la comparazione, la traduzione della sua esperienza singolarissima in concetti validi universalmente. Eppure, nel suo cuore profondo, insegna la verità piú radicale che anima l'erotica dell'insegnamento in quanto tale: per sapere un sapere vivo, legato alla

---

[15] P. A. Rovatti, *Soggettivazioni*, in B. Bonato (a cura di), *La scuola impossibile* cit., p. 46.

[16] Cfr. J. Lacan, *Io parlo ai muri* cit. Si tratta di un breve ciclo di conferenze tenute a ridosso dell'uscita, alla fine del 1966, dei celebri *Écrits* dove non si limita a tracciare una sintesi effervescente e intensa del suo percorso teorico, ma propone alcune notevoli riflessioni su cosa significa insegnare.

verità, bisogna desiderare il sapere. Per questo Lacan resta volutamente tortuoso nella sua parola. Esige che chi l'ascolta non sia passivo: «Mi sforzo che non abbiate un accesso troppo facile al sapere, cosí che voi dobbiate metterne del vostro»[17].

Ma questa tortuosità non è solo un tatticismo didattico, utile per mobilitare le risorse soggettive dell'allievo. Parlare ai muri significa che c'è qualcosa che sfugge sempre, qualcosa che non può essere preso nella parola, qualcosa che resiste. I muri, afferma Lacan, «sono fatti per circondare un vuoto»[18]. Insegnare non è forse provare a circoscrivere questo vuoto, a dire l'ineffabile, a tradurre in matemi trasmissibili universalmente il patema singolare della nostra vita? Con la consapevolezza, però, che non si potrà mai dire tutto.

Se il sapere umano è attraversato da una faglia, non è perché è impossibile acquisire tutto il sapere, ma perché il sapere è solcato da un limite: il sapere non può venire a capo del senso della vita, non può sapere tutto. L'eccedenza della vita lo esorbita scavando al suo interno una mancanza. Ecco allora da dove sorge un vero insegnamento: quando il maestro sa alludere, evocare, portare alla presenza questo limite, questa mancanza e questa eccedenza, senza mai pretendere di ridurli a un oggetto che possiamo padroneggiare. Il muro che ci separa dalla verità, afferma Lacan, «è dappertutto», cioè concerne il linguaggio[19]. Tra l'uomo e il mondo c'è sempre un muro, come tra un uomo e una donna, o tra la verità (che sfugge sempre) e il sapere. Eppure questo muro – il muro del linguaggio – non è solo una barriera

[17] *Ibid.*, pp. 148-49.
[18] *Ibid.*, p. 145.
[19] *Ibid.*, p. 155.

che separa: è anche il terreno da cui sorge il dono della parola, che rende possibili la poesia e l'amore, l'«umanizzazione della vita» e l'incontro, l'apprendimento e la conoscenza. Per questo, conclude Lacan, la parola «che si indirizza ai muri ha la proprietà di ripercuotersi»[20].

Piú che la trasmissione efficace di informazioni, come crede l'odierna filosofia efficientistica delle competenze, un insegnamento dovrebbe preservare quello che non si può trasmettere. O, se si preferisce, un insegnamento può trasmettere un sapere vero proprio perché sa custodire con cura l'impossibile da sapere. La tortuosità che viene spesso rimproverata a Lacan non è un artificio retorico finalizzato alla seduzione intellettuale dei propri allievi. In piú occasioni Lacan insiste nel dire che questa tortuosità calcolata è il solo modo per provare a essere in sintonia con l'oggetto di cui la psicoanalisi si occupa: l'inconscio. Lacan non lo fotografa a distanza, ma lo rende presente, lo mette in atto, persino lo teatralizza. Nel suo discorso l'inconscio parla, si rivela nelle contorsioni del senso, nelle forme oblique che assume la parola, ma anche nelle sue eclissi e nei suoi silenzi. In ogni maestro, sempre, qualcosa parla («*ça parle*»): qualcosa che trascende la parola viene alla parola. Per questo ci ricordiamo cosí bene le voci dei maestri che abbiamo avuto: quella roca e calda, quella forte e metallica, quella lucida e chirurgica, quella appesa a un filo. Perché nella voce appare l'eros, il corpo, la carne della parola. È la voce del maestro a rendere vivo il sapere, a rianimarlo permanentemente.

[20] *Ibid.*, p. 160.

Amare la vite storta.

I veri insegnanti non sono quelli che ci hanno riempito la testa con un sapere già costituito, dunque già morto, ma quelli che vi hanno fatto dei buchi al fine di animare un nuovo desiderio di sapere. Sono quelli che hanno fatto nascere domande senza offrire risposte precostituite. È un processo che non riguarda solo l'allievo, ma l'essere del maestro stesso. Per questa ragione Giovanni Gentile ha potuto affermare che solo quando usciva dall'aula con la sensazione di aver appreso qualcosa che a lui stesso sfuggiva prima di cominciare, poteva considerare che quella era stata davvero un'ora di lezione[21].

È l'effetto inatteso e retroattivo di guadagno di sapere che dà al maestro la sensazione che vi sia stato un effetto di trasmissione. Questo significa che un'ora di lezione sa rendere erotico non solo il sapere che assume come oggetto, ma la stessa relazione didattica. Per questo si può dire che ogni bravo insegnante non è tanto colui che sa, ma colui che, per usare una bella immagine del padre sopravvissuto celebrato da Cormac McCarthy in *La strada*, sa «portare il fuoco». Non è qualcuno che istruisce raddrizzando la pianta storta, né qualcuno che sistematicamente trasferisce i contenuti da un contenitore a un altro, secondo schemi o mappature cognitive piú o meno raffinate, ma colui che sa portare e dare la parola, sa coltivare la possibilità di stare insieme, sa fare esistere la cultura come possibilità della Comunità, sa valorizzare le differenze, la singolarità, animando la curiosità di ciascuno senza però inseguire un'immagine

---

[21] Devo questo riferimento a Rocco Ronchi (Università dell'Aquila).

di «allievo ideale». Piuttosto, esalta i difetti, persino i sintomi, le storture di ciascuno dei suoi allievi, uno per uno. È, insomma, qualcuno che, innanzitutto, sa *amare chi impara*[22], il che significa che *sa amare la vite storta*. Si rilegga in questa luce il romanzo *Stoner* di John E. Williams. Di cosa parla? È la storia di un uomo, figlio unico, che il destino prevede diventi agronomo in una fattoria a modesta conduzione familiare, e che invece scopre nel suo primo anno universitario – stortura della vite! – che ciò che lo attrae profondamente è la lingua, le lettere, lo studio della letteratura. La formazione di Stoner è un lungo apprendimento, faticoso, lento ma perseverante, delle lingue antiche, di quelle moderne, della retorica, della letteratura inglese dal Medioevo sino ai poeti romantici e di tutti gli altri canoni universitari, che rompe lo schema di un'eredità stabilita solo per clonazione. Diventa, lui, figlio di contadini, un docente tra i piú conosciuti e amati della sua università. Di fronte a una vita che può sembrare la vita di uno sconfitto – amicizie bruciate troppo precocemente, un matrimonio senza amore, una figlia alcolista, una carriera universitaria ostacolata da perfidie accademiche e rancori, un grande amore stroncato per non distruggere tutto – rintracciamo nella postura di Stoner, che porta nell'etimo del suo nome l'indistruttibilità della pietra, impegnato nella lettura delle relazioni dei suoi allievi, nella sua presenza costante in aula, nella sua passione, tutta contadina, per la terra della letteratura, un testimone del desiderio che sa unirsi alla Legge.

In questa testimonianza non è solo la vita dell'allievo che acquista un senso e una possibilità, ma è an-

---

[22] «Dietro la capacità didattica non c'è forse *l'amore per chi impara?*» (J. Orsenigo, *Tra pederastia e pedofilia* cit., p. 94, corsivo nostro).

che quella dell'insegnante che si realizza nell'associare e non disgiungere la vita e il senso. È la domanda che si pone Stoner stesso, moribondo, sul letto di ospedale dopo aver subito un'operazione chirurgica per un tumore all'intestino ormai metastatizzato: la mia vita è stata un fallimento? La mia vita è stata una delusione? Se lo chiede senza pensare alle centinaia di studenti che non dimenticheranno mai la sua voce e il suo stile. Se lo chiede pensando solo a se stesso. E mentre la malattia lo sta portando via, trattiene nelle sue mani il suo unico libro, pubblicato molti anni prima. Ne avrebbe potuti scrivere di piú, probabilmente, se si fosse risparmiato nella sua intensissima attività didattica. Ma si capisce bene che in quella direzione spingeva la Legge indistruttibile del suo desiderio.

Il libro che tiene nelle mani è la traccia di quella ostinazione, del suo essere *stone*, pietra che resiste. Per questo il libro è suo e, al tempo stesso, è diventato di un altro: «Aprí il libro e mentre lo faceva, il libro smise di essere il suo»[23]. Accade sempre, in ogni atto che genera trasmissione: in primo piano è il farsi altro e per l'altro di quello che abbiamo fatto. La stessa parola che entra nella didattica non è piú nostra, perché genera effetti che la allontanano paradossalmente da noi. Per questa ragione la trasmissione implica sempre la dimensione del dono. Portare la parola è portare il suo fuoco. Di questo e non di altro è fatto il corpo di un libro e di una voce. Ed è questa la scoperta essenziale di Stoner alla fine della sua vita. Avere una voce che può avere il corpo di un libro. Non è questo forse il suo desiderio piú indistruttibile, la pietra che si è scheggiata nel suo

---

[23] J. Williams, *Stoner*, Fazi, Milano 2012, p. 322.

nome? Affinché il dono della parola sia possibile, ogni insegnante deve rinunciare al sapere già saputo, deve rendere il già saputo, il già conosciuto, la memoria che custodisce il sapere già acquisito, ogni volta nuovi, rinnovati. L'ora di lezione allora non può piú essere assorbita nella ripetizione anonima del dispositivo didattico perché fa scattare l'apertura di un'altra porta.

Stoner non abbandona il suo sapere di filologo, faticosamente conquistato in lunghi anni di apprendimento, ma lo stravolge nella misura in cui lo fa diventare proprio. È la tensione continua tra oblio e memoria che abita ogni autentico insegnamento. Si tratta di una scoperta che il professore compie nel corpo a corpo con i testi che la tradizione gli ha consegnato. Quando Stoner riesce a liberare la sua parola dai lacci del discorso universitario, dalla dimensione ottusamente polverosa di una filologia morta, anche il già saputo può risorgere a un'altra vita. È il miracolo dell'insegnamento: mostrare che quel sapere che ritenevamo morto è vivo, è erotico, si muove, respira. In questo modo il maestro, sempre, *mentre insegna impara*, ovvero ridà vita a tutto ciò che lo ha formato. È un'esperienza di decentramento radicale che definisce, dai livelli piú elementari della trasmissione del sapere sino a quelli piú alti, l'arte dell'insegnamento. Dimenticarsi di se stessi, insegnare quello che nessuno ci ha mai insegnato:

> Di tanto in tanto, durante le lezioni, si ritrovava cosí immerso negli argomenti che non solo si dimenticava della sua inadeguatezza, ma anche di se stesso e perfino degli studenti che aveva davanti. A volte veniva cosí preso dall'entusiasmo che balbettava, gesticolava, e ignorava gli appunti che di solito guidavano le sue spiegazioni. All'inizio quelle esternazioni lo infastidivano, quasi tradissero un'eccessiva familiarità con la materia e se ne scusava con gli allievi. Ma quando quelli cominciarono ad andare da lui dopo le lezioni e a mostrare, nelle esercitazioni scritte, tracce di immaginazione e di

crescente entusiasmo, si sentí incoraggiato a fare quello che nessuno gli aveva mai insegnato[24].

Il mistero dell'apprendimento.

Nessuno può insegnare a insegnare, come, in fondo, nessuno può insegnare ad apprendere. Non si sa come si apprende, non esiste una tecnica per l'apprendimento: si sa solo che avviene. È difficile descrivere il movimento soggettivo dell'apprendimento, ma la cosa certa è che non esiste una relazione diretta tra quello che fa il maestro e come si impara. Anzi, come precisa Deleuze: «Non apprendiamo nulla da chi ci dice di fare come lui». L'apprendimento non è la riproduzione dello Stesso come quando – continua Deleuze – proviamo a riprodurre il movimento del maestro di nuoto sulla sabbia. Non c'è apprendimento per riproduzione perché:

> Il movimento del nuotatore non assomiglia al movimento delle onde, per l'appunto, i movimenti del maestro di nuoto che noi riproduciamo sulla sabbia non sono niente in rapporto al movimento che noi non impariamo a evitare se non prendendoli all'atto pratico come segni. Per questo è cosí difficile dire come uno impara [...]. I nostri soli maestri sono quelli che ci dicono di fare con loro e che, anziché proporci gesti da riprodurre, hanno saputo trasmettere dei segni da sviluppare nell'eterogeneo[25].

Il maestro non è un padrone perché non esige l'uniformità dei suoi allievi. L'erotica dell'insegnamento non può generarsi senza un maestro, ma non può nemmeno essere ridotta a riprodurre il sapere del maestro, a fare come lui. Per questo Lacan usava ammonire i suoi al-

---

[24] *Ibid.*, pp. 132-33.
[25] G. Deleuze, *Differenza e ripetizione*, Raffaello Cortina, Milano 1997, p. 35. Devo questo riferimento a Francesco Spina (Università del Piemonte Orientale).

lievi: «Fate come me, non imitatemi!» Bisogna servirsi
dei maestri, *«fare con loro»*, per trovare l'eterogeneità
del proprio stile. Non esiste formazione all'insegnamento in senso stretto. L'insegnamento non dipende da una
retorica o, come si dice oggi, da una capacità o da una
tecnica di comunicazione, ma dal carisma di chi parla,
ovvero da come sa rendere vivi, far vibrare, gli enunciati che trasmette. Dipende dalla forza enigmatica della sua enunciazione.

Nessuno ha mai insegnato a Stoner come si fa a ri-
schiare la propria parola nella didattica perché nessuno poteva insegnarglielo. C'è un salto nel vuoto che attende ogni insegnante nell'esercizio del suo lavoro. È
una dimensione che implica sempre un certo coraggio
nell'esposizione verso l'Altro. La ripetizione del già
detto, del già conosciuto, del già saputo vorrebbe fare
esistere una trasmissione privata del rischio dell'esposizione. L'uso ormai massiccio delle *slides* nella pratica
comune dell'insegnamento di ogni ordine e grado può
essere letto come il sintomo di questa difficoltà di espor-
si all'evento imprevedibile della parola. Se tutto è già
scritto, la trasmissione consisterà nella sua ripetizione
ordinata, scontata e, dunque, fatalmente burocratizzata.
Diversamente, un insegnamento che vuole mantenersi
fedele al suo compito saprà evocare l'impossibile da trasmettere, l'impossibile da apprendere, l'impossibile da
insegnare. Ogni volta in modo diverso, questa impossibilità verrà alla luce e saprà mettere in moto l'allievo.

In questo l'avventura dell'insegnare s'incrocia con
quella del mistero dell'apprendimento. È come un incontro con qualcosa che non si può mai padroneggiare
del tutto, ma che proprio per questo chiama, prende,
cattura. Infatti, il pensiero dell'insegnante come dell'al-

lievo non sorge semplicemente dalla volontà intenzionale
di pensare, ma scaturisce da un urto, dall'incontro con
qualcosa, scrive giustamente Deleuze, «che *costringe* a
pensare»[26]. È il mistero che accompagna ogni insegnamento e ogni apprendimento, come ci ricorda la vita del
professor Stoner:

> L'amore per la letteratura, per il linguaggio, per il mistero della
> mente e del cuore che si rivelano in quella minuta, strana e imprevedi-
> bile combinazione di lettere e parole, di neri e gelidi caratteri stampati
> sulla carta, l'amore che aveva sempre nascosto come se fosse illecito e
> pericoloso, cominciò a esprimersi dapprima in modo incerto, poi con
> coraggio sempre maggiore. Infine con orgoglio[27].

Il segreto dell'alfabeto.

L'amore per le lettere, per quei piccoli caratteri neri
che fanno sorgere mondi, l'amore per la lettura e per la
scrittura a cui la Scuola dovrebbe introdurre, è al centro di un breve ma intenso libro di Andrea Bajani in-
titolato *La vita non è in ordine alfabetico*. In apertura
ci viene offerto un ritratto speciale della potenza della
parola e della funzione dell'insegnamento. È il ritratto
del primo giorno di scuola. I bambini si assiepano attorno alla cattedra, richiamati dal loro maestro che mostra
loro, come se fosse il sacerdote di uno strano culto, le
ventuno lettere dell'alfabeto contenute in una scatola
di legno, che nelle sue mani acquista la dignità di uno
scrigno. Spiega loro che con quelle ventuno lettere «si
può costruire e distruggere il mondo, nascere e morire,

---

[26] *Ibid.*, p. 182. E ancora: «"Tutti" sanno che di fatto gli uomini pensano
raramente, e piú per effetto di uno shock che animati da un gusto particolare»
(*Ibid.*, p. 173).

[27] J. Williams, *Stoner* cit., p. 133.

amare, soffrire, minacciare, aiutare, chiedere, ordinare, supplicare, consolare, ridere, domandare, vendicarsi, accarezzare»[28].

Quel maestro ha ragione: conoscere il segreto dell'alfabeto è rendere la vita umana, è rendere possibile l'accesso all'apertura del mondo. Alla lingua materna che marca il venire al mondo, l'arrotolarsi del corpo del bambino sul corpo della madre, si sostituisce la lingua paterna dell'alfabeto. Bajani ci ricorda subito che la vita non esclude il disordine, il caos, l'aleatorietà, l'imprevisto, la turbolenza degli incontri, che non può, come già sappiamo, spegnere mai del tutto la brace della prima lingua, quella che il bambino ha conosciuto nel corpo a corpo con la propria madre, «lalingua» dove i significanti, le lettere, le parole non sono ancora differenziate, ma invadono il corpo come un magma indifferenziato. La vita, sebbene trovi nell'alfabeto un luogo decisivo per la sua umanizzazione, non rispetta mai l'ordine alfabetico. O, se si preferisce, il linguaggio che rende la vita umana non è mai in grado di alfabetizzare integralmente la vita. Come dire che la vita non sarebbe vita senza il linguaggio, sebbene si riveli sempre eccedente il linguaggio. Ecco perché, come abbiamo visto, un vero insegnamento custodisce innanzitutto quel centro straniero interno che abita il linguaggio e che mostra come ogni sapere sia attraversato dal limite del sapere.

Diverso è il sogno stolto dell'Autodidatta descritto da Sartre nella *Nausea*. Lo ricordiamo chino sui libri nella nebbiosa biblioteca cittadina di Bouville. Il suo programma è delirante: appropriarsi di tutto il sapere

---

[28] A. Bajani, *La vita non è in ordine alfabetico*, Einaudi, Torino 2013, p. 3.

umano leggendo tutti i libri della biblioteca per ordine
alfabetico!

D'un tratto mi tornano in mente i nomi degli autori delle opere
ch'egli ha consultato ultimamente: Lambert, Langlois, Larbalétrier,
Lastex, Lavergne. È un lampo: ho compreso il metodo dell'Autodidatta: egli si istruisce per ordine alfabetico.
Lo contemplo con una specie di ammirazione. Quale volontà gli è
necessaria per realizzare lentamente, ostinatamente, un piano di cosí
vasta portata? Un giorno, sette anni fa (m'ha detto che studia da sette
anni), egli è entrato pomposamente in questa sala. Ha percorso con lo
sguardo gli innumerevoli volumi che tappezzano le pareti, e avrà detto
press'a poco come Rastignac: «Scienza umana, a noi due!» Poi è anda-
to a prendere il primo libro del primo scaffale all'estrema destra e l'ha
aperto alla prima pagina, con un sentimento di rispetto e di terrore unito ad una decisione incrollabile. E oggi è a L. K dopo J, L dopo K. È
passato brutalmente dallo studio dei coleotteri a quello della teoria dei
quanti, da un'opera sul Tamerlano ad un libello cattolico contro il dar-
winismo; senza mai un momento di dubbio. Ha letto tutto; ha immagaz-
zinato nella sua testa la metà di quanto si conosce sulla partenogenesi,
la metà degli argomenti contro la vivisezione. Dietro di lui e davanti a
lui c'è un universo. E s'avvicina il giorno in cui egli, chiudendo l'ultimo volume dell'ultimo scaffale d'estrema sinistra, dirà: «E adesso?»[29].

Il maestro di Bajani, diversamente dall'Autodidatta
di Sartre, non pretende di spiegare la vita con le lettere
dell'alfabeto, ma invita i suoi allievi a impossessarsene
per nominare il mistero della vita senza presumere mai
di giungere a governarlo. Il linguaggio non è una pri-
gione (della vita) ma un dono. Il maestro invita i suoi
giovani allievi a prendere contatto con le lettere, a sce-
glierne alcune, a comporre ciascuno a proprio modo il
mistero della parola. Non è questa la funzione insoppri-
mibile della Scuola e di ogni insegnamento? Non offrire
un sapere saturo, dunque già morto, ma gli strumenti,
gli attrezzi, le parole per realizzare la propria ricerca, il
proprio stile, la propria frase?

[29] J.-P. Sartre, *La nausea*, Einaudi, Torino 1988, p. 47.

Non c'è acquisizione autentica, soggettivata, del sapere senza uno sforzo di poesia, se la poesia è la pratica che rende assolutamente singolare l'universalità della lingua. Lo sappiamo: nessuno come il poeta pur abitando il linguaggio lo sovverte, pur essendo nella Legge della parola traumatizza ogni lingua già codificata. Non è questo che ciascuno deve poter fare nel campo del sapere che lo ospita? Dall'artigiano all'operaio, dal fisico al medico, dal giornalista all'imprenditore. Dove c'è una pratica soggettivata, c'è incidenza del carattere singolare della parola nell'universalità della lingua; dove c'è una pratica soggettivata, c'è sempre sforzo di poesia.

Ecco cosa promuove il maestro di Bajani: dona il dono del linguaggio, lo mostra in atto, lo serve sulla cattedra ai suoi allievi ricordando a ciascuno che la caratteristica di questo dono è che per servirsene bisogna metterci del proprio. Le lettere dell'alfabeto si animano solo se qualcuno affronta il salto singolare della parola. Poi il maestro si ferma, si deve fermare. È il suo gesto piú alto: *accompagnare e fermarsi lasciando andare*. È il dono fondamentale della scrittura, ma è anche il punto dove ogni vero maestro sa custodire per fare iniziare il cammino singolare della vita.

Lo ha ricordato a suo modo, recentemente, in una conferenza Carlo Sini quando ha evocato un dialogo con il suo maestro Enzo Paci, il quale, di fronte agli allievi che lo incalzavano sul significato piú profondo della sua filosofia, rispose che la vita di sua figlia era per lui un mistero assai superiore[30].

---

[30] C. Sini, *La trasmissione dei saperi* (intervento inedito), Palazzo della Provincia, 7 maggio 2014, Milano.

«*Non si sa cosa vogliono dire*».

La verità che Enzo Paci trasmette a Carlo Sini la ritroviamo sotto un'altra forma in un altro maestro: quello che accompagna una scolaresca in visita alle rovine di Tula, l'antica capitale dei Toltechi, in Messico, come racconta Italo Calvino in *Palomar*. Ogni statua, ogni oggetto, ogni dettaglio di quanto ha resistito alla corruzione inesorabile del tempo, appare come una densità semantica che rinvia a una semiosi infinita: ogni cosa significa qualcosa che a sua volta rinvia a qualcos'altro, sino a mostrare tutto il limite di un sapere che non riesce mai a chiudersi e a consistere di se stesso.

Di fronte alle scritture pittografiche, il maestro si limita a datare il periodo storico di appartenenza e il tipo particolare di pietra sulla quale sono scolpite. E ogni volta, alla fine del suo breve commento, aggiunge: «*No se sabe qué quiere decir*». L'atteggiamento del maestro irrita un amico del signor Palomar che non si accontenta di quella risposta iterata. Certo che si sa cosa vogliono dire quei disegni! I serpenti rappresentano la vita, i teschi la morte. Il serpente che tiene in bocca il teschio simboleggia la continuità della vita e della morte... Il maestro ascolta in silenzio la dotta lezione che gli viene impartita, ma, appena l'amico del signor Palomar gli volta le spalle, di fronte all'ennesimo disegno, con più convinzione spiega ai suoi allievi: «*No es verdad*, non è vero quello che vi ha detto quel *señor*. Non si sa cosa significano»[31].

Il maestro sa che è solo nella sospensione del sapere

---

[31] I. Calvino, *Palomar*, Mondadori, Milano 1994, pp. 97-100.

che si può attivare una ricerca nel sapere. Il suo gesto sfida l'iperattivismo cognitivista che, come abbiamo visto, sembra divorare non solo la Scuola ma anche la nostra vita individuale e collettiva. Il tempo per comprendere, come direbbe Lacan, è cancellato dall'esigenza di concludere il piú rapidamente possibile. Tuttavia questo sapere, sempre tutto a disposizione e che prescinde da ogni ricerca soggettiva, è un sapere disgiunto dalla verità, è solo un passaggio all'atto del sapere che non genera alcun effetto soggettivo in chi lo apprende.

L'economicismo contemporaneo non ha solo inebetito la politica subordinandola agli interessi dei grandi capitali finanziari, ma ha anche irretito la pedagogia, che sembra sponsorizzare l'efficienza, la prestazione, l'acquisizione delle competenze come indici subordinati al criterio acefalo della produttività. L'economicismo che stravolge il processo educativo si accoppia paradossalmente all'esigenza di evitare il pensiero critico. Non bisogna chiedere ai giovani di pensare ma occorre interagire con loro, farli divertire, distrarli, mettere l'accento sul valore dell'essere in relazione in quanto tale. In questo modo la Scuola abbandona la sua funzione e scivola verso qualcosa di inedito, che la riduce a una sorta di parco giochi dove si è esentati da ogni rapporto impegnativo col sapere[32]. Gli insegnanti dovrebbero rinunciare al loro compito – che è quello di insegnare – per diventare compagni di giochi?

Da una parte l'economicismo e il culto dell'effi-

---

[32] È la tesi sviluppata da Dufour, quando afferma che la Scuola nell'epoca postmoderna è diventata «un type nouveau d'institution molle, dont la postmodernité a le secret, à mi-chemin entre maison des jeunes et de la culture, hôpital de jour et asile social, assimilable à des sortes de parcs d'attraction scolaire» (*L'Art de réduire les têtes. Sur la nouvelle servitude de l'homme libéré à l'ère du capitalisme total*, Denoël, Paris 2003, p. 176).

cienza della prestazione, dall'altra un edonismo fatuo e senza responsabilità. La Scuola di oggi è smarrita tra questi due estremi, mentre il gesto di Socrate sembra essere caduto nell'oblio. È il rischio che investe in modo particolare la nostra Università: la trasmissione del sapere priva del desiderio, anziché alimentare la ricerca, la spegne. Senza amore per il sapere – senza erotica dell'insegnamento – non c'è sapere capace di essere in rapporto con la vita, sapere utile alla vita. La Scuola delle competenze specialistiche è una Scuola che nega l'erotica dell'insegnamento come fondamento dell'acquisizione del sapere: un insegnante potrebbe essere tranquillamente sostituito da un computer e il risultato sarebbe lo stesso.

L'inciampo dell'insegnante.

Un bravo insegnante, racconta Safouan, si riconosce da come reagisce quando, salendo in cattedra, gli capita di inciampare. Cosa saprà fare di questo inciampo? Ricomporrà immediatamente, non senza disagio, la sua immagine facendo finta di nulla? Rimprovererà con stizza le reazioni divertite dei ragazzi? Proverà a nascondere goffamente il suo imbarazzo? Oppure prenderà spunto da questo imprevisto per mostrare ai suoi alunni che la posizione dell'insegnante non è senza incertezze e vacillamenti, che non è al riparo dall'imprevedibilità della vita?

Potrà allora far notare che lo studio piú autentico e appassionato non è mai esente dall'inciampo, perché sono proprio l'inciampo, lo zoppicamento, il fallimento a rendere possibile la ricerca della verità. Inciampare è l'imprevisto della vita con il quale il sapere deve confrontarsi. Certo, ci sono insegnanti che usano il sapere come un otturatore del vuoto che l'imprevedibilità della vita introduce necessariamente in ogni forma di sapere. Ci sono insegnanti che separano il sapere dalla vita e che offrono ai loro alunni solo una serie di nozioni nate morte. In questi casi non c'è inciampo ma routine, non c'è vitalità erotica del sapere ma un suo uso sterile.

Se esiste una vocazione all'insegnamento, non può che radicarsi nell'inciampo. I bravi insegnanti sanno di cosa parlo: loro stessi sono inciampati almeno una volta prima di salire in cattedra e continuano a educare i loro allievi alla contingenza imprevedibile della vita come qualcosa che eccede le pretese padronali di ogni forma di sapere. È un punto in comune con lo psicoanalista, il cui desiderio solitamente trae proprio origine dall'essere stato una causa persa. Lo psicoanalista ama avere a che fare con cause perse perché lo è stato[33].

Ricordiamo gli insegnanti che sono stati per noi degli inciampi, che ci hanno sottratti alle nostre abitudini mentali e ci hanno fatto pensare in modo nuovo. È ciò

---

[33] Qualche tempo fa incontrai, al termine di una mia conferenza su Lacan, un mio vecchio professore di filosofia che mi abbracciò dicendomi: «Allora è vero quello che ho sentito dire di te, che sai spiegare Lacan anche ai sassi!» Fu un complimento che mi rivelò una verità che solo in quel momento mi balzò agli occhi in tutta la sua evidenza. Perché riusivo a spiegare Lacan ai sassi? Ero stato un bambino considerato idiota. Fui bocciato in seconda elementare perché giudicato incapace di apprendere. Quando parlo, cercando di insegnare qualcosa, è sempre a lui che mi rivolgo, al bambino idiota che sono stato. È per lui che riduco, sminuzzo, mastico le cose sino all'osso. Nelle persone alle quali mi rivolgo mentre insegno, cerco sempre il volto annoiato e un po' ebete del bambino che sono stato. Io parlo a lui che è il mio testimone. Distillo le parole, ripeto lo stesso concetto in forme leggermente differenziate, ci giro attorno, lo spremo come fosse un limone per provare a estrarne tutto il succo. Parlo a lui. Questo è il mio segreto. Devo rendere accessibile l'oggetto di cui parlo oltre che a me stesso a quell'altro me che mi ascolta e non capisce. Parlo a lui. Lo cerco nei volti sconosciuti degli altri. È il mio partner invisibile, l'uditore per eccellenza, il mio test permanente.

che li rende insostituibili anche in un'epoca dove tutto quel che riguarda l'insegnamento viene computerizzato. Ma un insegnante non è un computer, non è un oggetto tecnologico, non è il funzionario grigio di un sapere senza corpo, totalmente disincarnato, non è il rappresentante di un sapere senza inciampi.

Nel tempo in cui l'orizzontalità infinita e a portata di mano della rete sembra scalzare la funzione dell'insegnante, offrendo un sapere apparentemente senza limiti, dobbiamo ricordare che non può conoscere l'arte dell'inciampo, non può in nessun modo incarnare il sapere che mette a disposizione, non può animare l'erotica dell'apprendimento, perché non ha un corpo. Le possibilità della rete e la computerizzazione tecnologica dell'insegnamento coltivano l'illusione dell'esclusione del corpo erotico e del transfert dalla relazione didattica. È quella che Riccardo Massa definisce «fallacia della tecnologia didattica»[34].

Solo un cognitivismo esasperato può pensare di separare i processi di apprendimento dall'eros che abita da sempre ogni relazione formativa. La psicoanalisi e la pedagogia più illuminata insistono su questo punto con decisione. Lo abbiamo visto: le possibilità dell'apprendimento hanno come condizione l'eros del desiderio. Pensare di trasmettere il sapere senza passare dalla relazione con chi lo incarna è un'illusione, perché non esiste una didattica se non entro una relazione umana.

Coloro che vorrebbero ridurre il processo di apprendimento e di insegnamento alla trasmissione tecnologica e asettica di informazioni e che ripongono la loro speranza nella definizione di metodologie efficienti di

[34] Cfr. R. Massa, *Cambiare la scuola* cit., pp. 93-94.

assimilazione, di organizzazione e di valutazione dei saperi, pretendono di cancellare l'intrusione del corpo nella relazione didattica e commettono un errore ossessivo in senso clinico. Pensano che sia possibile separare nettamente gli affetti dalla rappresentazione e pensano che in questa separazione venga garantito un sapere oggettivo e inscalfibile, un sapere capace di essere padrone dell'essere. Con l'aggiunta che l'apprendimento stesso deve a sua volta essere ridotto a una mera tecnica dell'assimilazione, quando invece, come ricorda giustamente Deleuze, non sappiamo mai bene come si apprende, ovvero per quale canale soggettivo avvenga l'evento singolare dell'apprendimento. Quello che sappiamo di certo è che non può avvenire se l'allievo si limita *a fare come* il maestro, ovvero a imitare il suo sapere[35].

I bravi insegnanti sanno rinnovare ogni giorno il loro desiderio solo perché conoscono le insidie della caduta nella noia e nella ripetizione e si impegnano a ricercare i giusti antidoti sopportando la solitudine che la sfaldatura del patto generazionale tra gli adulti comporta. Per questa ragione il tempo dell'inciampo resta per loro essenziale, perché mantiene sveglio l'insegnante e, di conseguenza, impedisce anche ai suoi allievi di addormentarsi.

Il bravo insegnante non è colui che nega il valore del sapere, non è colui che ne proclama l'azzeramento, ma è colui che, mentre lo trasmette, sa anche mantenerlo parzialmente sospeso. Questo doppio tempo della dinamica formativa, lo ritroviamo nella vita quotidiana di ogni insegnante e di ogni allievo come oscillazione tra la necessità dell'applicazione, del metodo, dell'ostinazione,

---

[35] Cfr. G. Deleuze, *Differenza e ripetizione* cit., p. 35.

della fatica e del sacrificio e la possibilità dell'erotizzazione del mondo attraverso il linguaggio, del desiderio
di conoscenza, del viaggio, dell'avventura, dell'andare
altrove, al largo, lontano, alla scoperta di altri mondi,
verso l'inedito e il non ancora conosciuto.

Ma ancora di piú l'inciampo è essenziale perché,
decompletando l'ideale del maestro, rende possibile
l'accesso soggettivo al sapere. Un mio professore di
storia della filosofia, Mario Dal Pra, commentando
con il solito rigore e chiarezza cristallina la *Scienza
della logica* di Hegel, di tanto in tanto alzava gli occhi
al cielo e ci diceva: «Qui veramente non possiamo piú
seguire Hegel; chissà cosa avrà visto?» Mostrava a noi
che non aveva imbarazzo nell'inciampare sul testo che
commentava, perché sapeva bene che questo inciampare ci avrebbe aiutato ad autorizzarci a pensare con
la nostra testa, cioè a cercare il nostro modo personale
di inciampare sul testo.

Il bravo insegnante è colui che sa proteggere il vuoto,
il non-tutto, l'inciampo come condizione per la ricerca.
Non ha né paura né vergogna del suo non-sapere, della
sua ignoranza (che Cusano avrebbe definito «dotta»),
perché sa che i limiti del sapere sono ciò che animano
la spinta della conoscenza. È il grande peccato che racconta il mito biblico dell'albero della conoscenza. In
cosa consiste? Nell'illusione umana di accedere al sapere come dominio, alla conoscenza assoluta del bene
e del male, a un sapere che pretende di essere padrone della vita, che pretende di escludere l'inciampo[36].

---

[36] È evidente che nella Scuola ci sono anche docenti che non sanno nulla di
quello che dovrebbero spiegare e che vivono in modo parassitario la loro funzione.
Fortunatamente non sono la maggioranza, ma esistono e sono una zavorra mici-
diale per la Scuola.

Capitolo quinto
Un incontro[1]

Avevo perso tempo e restavo indietro. Sembrava un destino scritto sin da quando ero bambino. Le parole dell'Altro avevano impresso su di me la loro potenza predittiva: ero destinato a essere l'idiota della famiglia, ero destinato a restare indietro[2]. Guardavo i miei compagni e i miei cugini avanzare piú veloci di me nel mondo mentre mi attardavo rifiutandomi di capire e di assorbire un sapere che mi pareva totalmente insensato. Solo mia madre era preoccupata che quella che pareva una mia attitudine – essere sempre in ritardo – non diventasse davvero un destino di cui sarei stato prigioniero. Infilai cosí, uno dopo l'altro, insuccessi fatali per la vita di un bambino, tra cui quello ritenuto il piú clamoroso tra tutti: bocciato agli esami (allora esistevano ancora) di seconda elementare.

La mia maestra, una donna severa, sempre vestita di nero, con occhiali spessi e accanita fumatrice di Muratti, viveva a Milano e con evidente frustrazione si doveva

---

[1] Una prima stesura di questo capitolo – qui presentato in una versione ampliata – è stata pubblicata in M. Recalcati, *Elogio del fallimento. Conversazioni su anoressie e disagio della giovinezza*, Erickson, Trento 2011, pp. 210-19.

[2] Di qui probabilmente trae origine il mio profondo interesse per il destino di Gustave Flaubert scolpito da Sartre nel suo monumentale *L'idiota della famiglia*. Se quest'opera si è rivelata per me, molto precocemente, una bussola per intendere, ancora prima del mio incontro con la psicoanalisi, il processo di umanizzazione e di soggettivazione della vita, è perché nella melanconia ebete del piccolo Gustave leggevo qualcosa che mi fu molto piú che familiare.

recare ogni mattina nella nostra scuola di provincia a
Cernusco sul Naviglio per avere a che fare con un gruppo di poveri scolari la cui lingua stentava a liberarsi dalle incidenze dei vari dialetti. Ogni volta che mia madre
andava da lei in colloquio ne usciva immancabilmente
umiliata e tra le lacrime. Io mi avvicinavo silenzioso e
impaurito pensando che ero un disastro e che sapevo solo
deluderla. Ma lei, stranamente, anziché rimproverarmi,
come faceva di solito con un certo nervosismo, mi diceva
con calma lunare che ce l'avrei fatta come tutti gli altri,
che non ero diverso dai miei compagni e che forse avrei
solo avuto bisogno di un po' piú di tempo. La maestra
di Milano viveva probabilmente la bellezza purissima
di mia madre come un insulto alla sua intelligenza. Già
ai miei occhi di bambino era evidente che non riusciva
a sopportare quell'incanto che era mia madre allora poco piú che ventenne. Godeva nel vendicarsi di questa
ingiustizia della natura giudicandomi senza pietà come
un bambino con gravi problemi cognitivi. Persi l'anno
e persi i pochi amici che avevo. Il paese mi riconobbe
come il bambino «bocciato». La bellezza di mia madre
non era stata sufficiente per evitarle di avere un figlio
deficiente. Le malelingue di paese erano soddisfatte.
Due in un colpo solo: una madre vanitosa alla quale era
stata data una giusta lezione di umiltà attraverso un figlio bidone giudicato inadatto a proseguire negli studi.

   In classe guardavo fuori dalle grandi finestre e vedevo il filare asciutto ed elegante dei pioppi, il grande
campo di calcio deserto, il glicine tortuoso arrampicato
sulle cancellate dell'ingresso della scuola. Guardavo altrove e ogni cosa era sufficiente per distrarmi. I numeri mi parevano ostili. Mi piaceva leggere e scrivere e lo

facevo senza alcuno sforzo. Ma quel sapere grigio che la maestra di Milano e i suoi successori distribuivano con la voce grossa e senza desiderio mi lasciava indifferente. Per tutti loro io ero quello che restava sempre indietro. Ero la vite storta, inadatta a una crescita regolare, impossibile da raddrizzare. Non l'avevano forse già sentenziato i medici alla mia nascita? Una stortura originaria aveva infettato il mio essere. Ero nato troppo presto, costretto ad abbandonare in anticipo la culla ovattata dell'utero materno. Venuto al mondo due mesi prima del normale, secco e fragile come un ramo. «Questo bambino non sopravvivrà!», sentenziò il discorso della scienza. Solo l'incubatrice aveva garantito un respiro che il mio corpo non sembrava in grado di generare. Rinchiuso nella camera di vetro avevo deciso che sarei sopravvissuto. Non fu l'unica volta. La sopravvivenza divenne una specie di arte che ha segnato tutti i tornanti fondamentali della mia vita. Trovare le forze al limite, sulla soglia della sparizione, un attimo prima di subire l'ultimo colpo, quello fatale. Sapermi riprendere quando nessuno avrebbe puntato sulla mia sorte. Lottare, resistere, insomma, respirare. Ecco come sono stato fatto: resistente. Eppure a scuola vedevo i miei compagni avanzare molto piú veloci di me, andare piú in fretta, lasciarmi indietro. Non ero come loro. La mia testa si rifiutava di mangiare un sapere insipido e violento.

Fui probabilmente uno tra gli ultimi bocciati della Scuola elementare del Regno Unito nell'anno 1967. Ho in mente un ricordo preciso del mio rifiuto della Scuola. «Bambini, ditemi secondo voi perché il fuoco è bello?», chiese una volta la nostra maestra milanese.

Rispondemmo ciascuno con le proprie parole: «Perché
è caldo», «è rosso», «d'inverno riscalda le case», «serve per cucinare, per far bollire l'acqua», «a far addormentare i cow-boy nelle praterie», «a tenere lontani gli
animali pericolosi», «a portare la luce nel buio», «a di-
fendersi dai pericoli della notte». Nessuna risposta era
quella giusta. La maestra con sguardo torvo e seccato
prima ci rimproverò – «Stupidi!» – e poi soavemente
ci svelò il segreto che a tutti noi sfuggiva: «Il fuoco è
bello, – disse con aria saccente, – perché si muove!» La
bellezza del fuoco non era nei suoi colori, nel suo bril-
lare nella notte, nella sua memoria, nella sua storia an-
tichissima, nel rendere possibile la convivialità del pa-
sto, nel calore che ripara, nel suo rapporto profondo con
l'uomo e con la parola. La maestra ci rimproverava con
sguardo severo e rigettava stizzita qualunque altro tipo
di risposta che non coincidesse con la sua. È il rischio
fondamentalista che corre ogni insegnamento scolastico: ridurre la possibilità aperta della risposta a una sola
risposta possibile, richiudere l'apertura del mondo, ap-
piattire la verità sul sapere già saputo. In questo caso
anziché svuotarsi – come deve rendere possibile il gesto
del maestro – il luogo del sapere finisce per riempirsi,
per diventare sapere infallibile, pensiero unico, totali-
tario, capace solo di spegnere la dialettica della parola
anziché promuoverla. Per quella maestra dallo chignon
improbabile e dall'aria acida da zitella la sola risposta
giusta era la propria: il fuoco era bello solo perché «non
sta fermo e si muove». Tristemente monocorde ripeteva
il suo sapere morto mentre le nostre facce riflettevano
un'apatia rassegnata mista a timore. In quel caso il rifiuto di apprendere fu il mio moto personale di protesta.
Non volevo digerire un sapere che pretendeva di essere

cosí stupidamente e rigidamente assoluto. Non volevo stare in una Scuola che voleva fare esistere un solo pensiero sulla bellezza del fuoco. Decisi che il mio rapporto con la Scuola sarebbe finito da quel giorno. Avrei continuato a leggere e a scrivere per conto mio. Avrei fatto a meno di lei e di tutti i suoi simili. Avrei preferito essere un «bocciato». Mia madre piangeva e non se ne faceva una ragione. Io nemmeno. Ma mi disperavo piú silenziosamente e piú per la sua disperazione che per la mia. Ero solo rimasto indietro mi dicevo. Poi presi il vizio e molto piú tardi arrivò la seconda bocciatura. Quella volta per ragioni politiche.

Ho avuto poi altre due maestre, Maria Teresa Farina e Fernanda Fossati, che per prime mi hanno salvato e riportato alla bellezza e all'obbligo della Scuola. Le ricordo sempre come ricordo il mio professore di italiano delle medie, Rino Rega, che mi riconciliò con il sapere quando lesse in classe un mio tema dedicato alla solitudine. Lui mi iniziò per primo alla lettura. Ci leggeva le *Lettere dal carcere* di Gramsci e il gesto di Ettore dall'*Iliade*. Fu l'apertura di un mondo. Lessi in un solo fiato il mio primo vero libro: *Il sergente nella neve* di Mario Rigoni Stern. «Ho ancora nel naso l'odore che faceva il grasso sul fucile mitragliatore arroventato...» Il mondo era sempre quello di prima, ma l'incontro con la letteratura lo aveva reso per sempre diverso da prima.

Avevo sedici anni e stava arrivando l'onda impetuosa del movimento del '77. Ero allora iscritto a un Istituto Agrario situato a Quarto Oggiaro, uno dei quartieri della periferia di Milano piú poveri e inquieti. In un moto di protesta avevamo gettato dalle finestre della scuola

banchi e seggiole. La violenza dilagava attorno a noi e
noi eravamo i suoi batteri. Mia madre venne contatta-
ta piú volte dalla Presidenza. Anche in quel caso non
riusciva a farsene una ragione. Io non avevo dubbi: volevo lasciare la Scuola per dedicarmi senza riserve alla
militanza politica. Fu mia madre a convincermi a non
abbandonare gli studi nonostante l'ennesimo fallimento. Lo fece per una sorta di ostinazione disperata, per
una dignità materna che le impediva di riconoscere che
suo figlio non era fatto per studiare, perché sapeva la
fatica che avevamo fatto insieme per non morire, perché
mi aveva già visto sopravvivere altre volte e non voleva
che fosse questa la volta in cui potessi perdermi davvero. Per orgoglio, per militanza, perché (friulana immi-
grata in Svizzera) sapeva cos'era la fame e la miseria.
Per custodire il suo sogno di una normale integrazione
borghese. Per non essere come sua madre che l'aveva
abbandonata alle tempeste della vita senza preoccuparsi
di lei. Io dovevo, ai suoi occhi, poter essere come tutti
gli altri. Ma non era solo questo. Mia madre mi chiede-
va di darle fiducia, di credere alla sua promessa: «Studia e vedrai cose che io non ho potuto vedere». Non si
rassegnava alla mia deludente anormalità e allo spettro
della mia morte che ai suoi occhi non aveva probabilmente mai smesso di accompagnarmi.

Quando ti ho incontrata avevo diciotto anni e nella testa l'idea di lotta di classe come una guerra giusta.
Avevo trovato nella rivolta politica il modo per difendere
tutti i bocciati del mondo. Il mio idealismo giovanile mi
spingeva verso quello che chiamavamo «il movimento»,
ma in realtà mi conduceva al centro di un deserto. Volevo immaginare un mondo in cui la risposta sul signifi-

cato della bellezza del fuoco potesse essere varia, volevo
dare voce a chi, come me, era sempre rimasto indietro.

Frammenti, membra sparse, rovine... La fine degli
anni Settanta aveva rappresentato per tutti noi un'avventura sul bordo dell'abisso. Ho avuto amici che si
sono persi: nella droga, nella violenza politica, nel ter-
rorismo, in India, ovunque. La mia generazione è spro-
fondata nella melma informe del godimento mortale.
Ma quando sei arrivata nella nostra classe a parlarci dei
poeti e della letteratura ho pensato subito che saresti
stata la mia occasione.

Ti ricordo bellissima. Avevi fatto la tua entrata tra
di noi abbruttiti da una Scuola noiosa e stupidamente
severa, come un corpo celeste che veniva da un altro
universo. Cosa ci facevi lí? Mi sono chiesto tante volte.
Lí tra noi, a Quarto Oggiaro, nella periferia estrema di
Milano. Mi pare fosse nel mese di febbraio ancora pieno
di neve. Lo ricordo perché arrivavo a scuola infreddoli-
to, dopo un vero viaggio di quasi un paio d'ore da una
periferia all'altra, tra lavoratori e studenti pendolari.
Forse qualche volta ti avevo incrociata su uno di quei
treni sempre in ritardo e affollatissimi che partivano
dalla stazione di Cadorna. Era strano vederti mescolata
in quella massa di gente stordita dal sonno e dall'abitudine. Ti ricordo benissimo anche vestita in un tailleur
blu scuro e cravatta, con mimosa gialla all'occhiello, in
un 8 marzo, festa della donna. Oppure pensierosa e in
silenzio in alcune riunioni studentesche infuocate dalla
bagarre politica. Gentile e riservata nelle tue manifestazioni di simpatia verso di me. Ricordo ancora il tuo
volto illuminarsi nella lettura dei poeti in classe. Duran-

te le tue lezioni ho fatto per la prima volta esperienza fisica e mentale del sapere come nutrimento.

A sedici anni avevo divorato sui metrò e sui tram milanesi *L'interpretazione dei sogni* di Freud cercando in quelle pagine il mio caso. Ne ero stato fulminato. Avrei ritrovato i frutti di quella lettura solo qualche anno dopo quando decisi di sottopormi alla mia prima analisi. Per il momento eri venuta tu che parlavi di solitudine, di lotta e di desiderio attraverso i poeti e mi bastava. Non volevo piú perdere tempo, non volevo piú restare indietro. Mi misi in moto. Decisi allora di recuperare un anno tra quelli già perduti, preparando gli esami da privatista. Ci eravamo appena conosciuti. Seguivo le tue lezioni in III e preparavo da solo la IV. Se il mio piano avesse funzionato ci saremmo riuniti in V, nell'anno della maturità. Mi gettai nei libri con una forza sconosciuta. E da allora non ho piú smesso di amare lo studio. Adesso mi rimproverano, alcuni dolcemente altri ferocemente, di andare troppo veloce, di non lasciare il tempo necessario a chi mi è vicino per comprendere. Ma tu, Giulia, ricordi bene come è iniziato tutto con te, in un'aula disadorna dell'Istituto Agrario di Quarto Oggiaro? Sei arrivata lí mandata da non so chi e io so soltanto che ti ho presa al volo. Una vita non si gioca tutta nella contingenza dell'incontro? Lo sappiamo bene: non tutto è già scritto, anche se tutto tende a ritornare, a ripetersi. Tuttavia esiste un interstizio, una fessura, una possibilità di gioco che nessuna ripetizione potrà mai cancellare. Tutto tende a ritornare identico a se stesso senza però che sia già tutto scritto. È quello che non smette di insegnare la psicoanalisi: l'inconscio è una chiamata che ci invita a scrivere quello che non si è ancora scritto; è evento, apertura inaudita, sorpresa, possibilità, visione, generazione. È pura contingenza dell'incontro, tempo di un battito, direbbe Lacan, tempo di un taglio, di un nuovo inizio; ripartenza. Accadde cosí per me quando ci incontrammo. Tu sei stata in quegli anni di fuoco un altro fuoco, un fuoco piú caldo, piú profondo, piú forte che ho portato da allora in me e che ho custodito come un'eredità. Ti ricordi Giulia quel pomeriggio afoso di luglio? Periferia di Lodi: i membri della Commissione di esame che dovevano valutare il mio passaggio di privatista in V scendono le scale e avanzano lungo il viale alberato dei tigli per comunicarmi l'esito delle prove. Facevi parte della Commissione, eri tra loro come un fiore tra arbusti rovinati dal tempo. Volevano respingermi, poi promuovermi, poi di nuovo respingermi, poi darmi due materie a settembre. Il professore di diritto si avvicinò al mio orecchio sussurrandomi: «Volevano bocciarti... poi hanno deciso, – continuò dopo un sospiro, – di lasciarti passare». Ecco, bene, hanno deciso di lasciarmi passare! Mi hanno passato! Sono passato! Evviva! «Ce l'ho fatta!», pensavo. Il mio piano aveva funzionato e il prossimo settembre saremmo stati ancora insieme. Ero riuscito a recuperare il tempo che avevo sprecato inutilmente. Lo avevo fatto con le mie sole forze. Sopravvissuto anche questa volta. Era un'antica e, insieme, totalmente nuova percezione. Avevo sempre pensato che le mie forze non fossero mai sufficienti. Ma continuavo ad avere la prova del contrario. Su quel viale di tigli di una scuola diroccata di Lodi, in una luce di luglio ancora forte verso sera, avevo cominciato a riprendere in mano la mia vita e tu mi davi la forza di credere che non tutto era ancora scritto.

Ti ho amata veramente? Sei stata un amore tra i piú grandi della mia vita. E, come tutti i grandi amori, indimenticabile e insostituibile. Per questo ricordo tutto di te. Seguivo la tua parola che veniva scandita da una voce leggera che mi ispirava. Mi precipitavo a leggere ogni libro che citavi e mi sembrava di camminarti vicino, di fare insieme a te una strada che già conoscevi e che per me era invece nuova. Amavo leggere i libri che mi prestavi sottolineati da te. Era la tua strada e mi avevi permesso di seguire i tuoi passi. Quei libri avevano per me l'odore e la consistenza di un corpo. Sei stata come una traccia luminosa nella notte che non ci si aspetta e che quando arriva sembra trasformare ogni cosa. Potenza della *tyche*, direbbe Lacan. Con te la mia vita ha cambiato direzione. L'amore per lo studio e per la scrittura hanno ricevuto uno slancio sconosciuto sino ad allora. Ti ho presa al volo e sono volato via con te, sui tuoi pensieri, sulle tue parole, sui tuoi libri.

Ti rivedo ancora nella tua casa milanese di viale Bligny con tuo figlio nato da poco. Mi sono chiesto tante volte che madre, che compagna, che moglie fossi stata. Avevo allora l'impressione di una strana infelicità che percorreva la tua vita piú privata che restava ai miei occhi un enigma. Tu non ne facevi mai parola. Era nella tua casa milanese che davi il meglio di te. Ci dedicavi il tuo tempo con una generosità che mi colpiva facendoci entrare nella tua casa. Eravamo uno sparuto gruppo di maturandi che avevano scelto letteratura come prima materia orale e tu ci facevi sentire importanti accogliendoci. Ogni volta ci disponevamo silenziosi in cerchio attorno a te. Incoraggiavi la rottura di quel silenzio un po' imbarazzato invitandoci a toccare un qualunque argomento del programma, da Foscolo sino a Montale. E cosí ogni volta il miracolo della parola prendeva le sue forme. Vivevamo insieme il godimento del sapere. Ci accompagnavi in mondi sconosciuti senza bisogno di imporre nulla. Ti seguivamo emozionati. Quante volte è successo? Mi abbeveravo letteralmente alle tue parole, me le appuntavo con dedizione assoluta, le rileggevo nelle ore successive, le meditavo con eccitazione fisica. Sapevi lasciare sempre molto spazio alla nostra parola. In anni attraversati da una violenza brutale che oltraggiava la parola, gli incontri con te ristabilivano quel giusto silenzio che solo sa onorare la parola. La maestra che mi bocciò in seconda elementare non sapeva come si accende un vero fuoco. Tu sí. Lo sapevi bene, ma non lo spiegavi. Ti chinavi sulle parole, prendevi nelle mani i tuoi libri con una cura che li faceva diventare esseri viventi e da loro sapevi estrarre mondi. Lo facevi con una grazia femminile rara che si confondeva con la tua bellezza. Erano per noi momenti di pensiero e di scoperte unici. Non ricordo vi sia mai stato da parte tua un giudizio dogmatico su un autore o un testo. Amavi le parole e noi eravamo trasportati verso le parole da quell'amore. Restavi al tuo posto con un rigore speciale per una giovane donna della tua età. Eri infatti una giovane donna, bellissima nei miei ricordi, dai tratti insieme infantili e austeri. In un pomeriggio nella tua casa milanese ci raccontasti che il professore con il quale ti eri laureata ti chiamava «Giulietta». Eri appena diventata madre ma potevi benissimo continuare a farti chiamare Giulietta dal tuo professore dell'Università. Eppure con noi sapevi essere rigorosa ed esigente.

Ci hai insegnato che il desiderio senza impegno è

solo un capriccio e che l'insicurezza aumenta con il sapere e non viceversa, perché non c'è sapere che possa assorbire integralmente la vita, perché la ricerca autentica aumenta i dubbi senza avere mai la pretesa di risolverli. Ci hai insegnato che le parole portano con sé una potenza sconosciuta che eccede qualunque spiegazione e di cui bisogna imparare ad avere rispetto e saperne godere. Con dolcezza mi hai introdotto – giovane ribelle com'ero a ogni forma di controllo – alla disciplina paziente e severa dello studio. La tua bellezza e la tua giovinezza non accorciavano affatto la distanza tra noi ma contribuivano stranamente ad alimentarla. Avrei scoperto solo piú avanti negli anni che il desiderio può assumere le spoglie della difesa. Non mi ricordo del timbro di nessuna altra voce adulta oltre alla tua negli anni difficili della mia giovinezza.

Eri venuta a vedere il nostro spettacolo teatrale in un sabato pomeriggio a Quarto Oggiaro. Il Preside aveva concesso il permesso di tenere aperta la scuola e c'era una bella aria di festa. Avevo scritto un copione improbabile in uno stile visionario e con una forte tensione politica. All'epoca per me scrivere era come sparare; si intitolava *Il Baltico nell'occhio del sorvegliante*. Tre quarti d'ora di monologhi, frammenti di sogni, citazioni, spezzoni di vita del «movimento»... Quel testo concentrava tutta la nostra rabbia e il nostro disorientamento. Non l'ho mai piú riletto da allora. In studio, da qualche parte, ne conservo ancora la copia originale. Era però il primo frutto del nostro incontro. Eri appena arrivata tra noi. Il mio impegno intellettuale era tutto assorbito da una passione politica acerba e generosa. Vivevo Milano come fosse Parigi ai tempi della Comune. Sognavo spesso

Enrico Berlinguer come il padre del sacrificio al quale mi ribellavo furiosamente. In questi sogni però lui appariva sempre stranamente pacato e alla fine, ogni volta, il dissidio si ricomponeva. In uno di questi lo vedevo mentre mangiava in un tinello ascetico che ricordava quello della casa dei miei genitori e mi guardava con un sorriso dolcissimo mentre io strappavo delle pagine da un libro. Nella critica rivoluzionaria al vecchio Partito comunista potevo sublimare il conflitto edipico per un padre troppo dedito al lavoro per potersi interessare alla mia vita... Avevo scritto quel testo teatrale per te. Ti mostravo cosí tutta la mia dedizione e il mio desiderio per una vita diversa da quella che gli Altri mi avevano preparato. Non sarei piú stato l'idiota della famiglia, il bambino diverso, anormale, storto che gettava i suoi genitori nella preoccupazione angosciata. Potevo firmare col mio nome qualcosa che avevo generato a partire dal nostro incontro. Tu per me hai sostenuto quella funzione che Lacan ha attribuito al Nome del Padre: separare la vita dall'assoggettamento al desiderio dell'Altro, separarla, sottrarla al suo destino già scritto. Renderla una ripetizione nuova, diversa, un taglio, un'invenzione. Il Nome del Padre ha avuto per me il nome di una donna.

Venne poi il tempo della maturità. La febbrile attesa della vigilia, il sonno agitato, l'angoscia di prestazione, l'attesa opprimente dei genitori, il volto severo dei commissari, la ripetizione dei programmi a voce alta recitata come un mantra, le fantasie di annebbiamenti e smarrimenti clamorosi durante il colloquio, la sfrontatezza temeraria del bluff o la memorizzazione disciplinata e compulsiva, il calcolo ansioso dei giorni, la liberazione finale. L'esame di maturità e il suo corteo di ricordi continuano a riapparire per molti nei sogni, spesso nella forma dell'incubo tendendo a diventare la matrice di tutte le prove, di tutte le verifiche, di tutti i giudizi, assumendo l'aura epica dell'esame degli esami. L'esame di maturità ha delle gambe e ci insegue. Perché avviene? Perché è un uscio che si apre su di una terra ignota, perché sancisce la fine del mondo del figlio-studente e l'inizio del tempo delle scelte che faranno il nostro destino. Il problema è che questa apertura non è mai automatica: esige una prova soggettiva. Dobbiamo prendere la parola in prima persona di fronte a un Altro che esprimerà su di noi un giudizio definitivo e immodificabile. In numeri che si scolpiranno nei nostri *curriculum vitae* e nella nostra memoria. In questo esame si è tenuti a parlare rompendo lo specchio dell'uno a uno a cui si era abituati nelle verifiche in classe. Si parla per la prima volta a una Commissione in una sessione aperta al pubblico. Si prende la parola pubblicamente. Ecco la prova piú difficile: sono davvero autorizzato (e da chi) a parlare a mio nome? Sappiamo come i bambini nelle Scuole si prodighino per compiacere (o deludere) le attese dei loro genitori e delle loro maestre. Non parlano mai in prima persona, non parlano per sostenere un proprio discorso, ma innanzitutto per rispondere al discorso dell'Altro. Con l'avvento dell'adolescenza questo schema si rompe clamorosamente perché la giovinezza separa il soggetto dal recinto familiare e lo spalanca al mondo. La mia soddisfazione non coincide piú con quella dell'Altro, ma esige una sua misura singolare. Nell'esame di maturità si conclude allora un primo tempo della formazione: la certezza della terra dell'infanzia finisce e inizia l'instabilità avventurosa del mare. Gli psicoanalisti conoscono bene l'importanza talvolta drammatica di questo passaggio. Lacan lo ha teorizzato con rigore: ogni qualvolta il soggetto è chiamato a rispondere con la propria parola a un appello simbolico dell'Altro – accade anche con la chiamata alle armi, con un matrimonio, con il parto, con una nomina professionalmente rilevante –, c'è sempre il rischio di cadere, di frantumarsi come avviene nel caso delle scompensazioni psicotiche. Il soggetto chiamato a parlare in prima persona non sopporta il peso della prova e crolla. Ecco perché tutti coloro che non sono crollati, restano tuttavia sempre un po' legati a quella esperienza riproducendola nei propri sogni. Questo significa che in ogni prova c'è sempre il rischio del crollo, come dell'ebbrezza della libertà. Senza l'appoggio dell'Altro la nostra parola è, insieme, un'esperienza di angoscia e di libertà. Questa è la vera posta in gioco dell'esame degli esami. La prova non consiste nel parlare di fronte a una Commissione, ma nel fare esperienza che nessuno può sostituirci, che, nel momento in cui ci assumiamo la responsabilità della parola, nessuno potrà prendere il nostro posto. Ricordo il volto disorientato di un'allieva che, chiamata alla cattedra dalla Commissione per sostenere il colloquio d'esame, volse il suo sguardo all'amica del cuore chiedendole teneramente: «Vieni anche tu?» Impossibile: la prova della maturità ci separa dai nostri appoggi abituali e ci espone al rischio del fallimento. Nessuno può parlare al nostro posto, nessuno può venire al nostro fianco a tenerci la mano. Ecco un'altra verità palesarsi: non siamo forse tutti sempre insufficienti, impreparati, immaturi, per affrontare la prova della vita? Com'è possibile allora farcela, «passare», essere promossi, superare l'esame? Ogni volta che nei nostri sogni ripetiamo l'angoscia della «maturità» ritorniamo su questa insufficienza, sull'impossibilità di superare una volta per sempre, definitivamente, la prova della vita. Niente e nessuno potrà mai garantire l'esito della mia parola. Riuscirò a dire quello che so, sarò convincente, credibile, capace di trasmettere qualcosa della mia vita? Non esiste alcuna Commissione in grado di giudicare la nostra maturità. Perché se davvero esistesse, saremmo in realtà tutti piú tranquilli e meno angosciati. La vera angoscia è sempre nei confronti della nostra libertà e del nostro desiderio. È l'inesistenza di questa Commissione, non la sua esistenza, che ci angoscia profondamente e che ci sospinge ogni volta a farla esistere nuovamente nei nostri incubi! Il mistero piú profondo di ogni processo e di ogni giudizio – come ha mostrato in modo insuperabile Kafka – è che non esiste alcun tribunale in grado di assolverci o condannarci. È per questo che gli esseri umani non cessano di proiettare in cielo e in terra tribunali di ogni genere capaci di emettere un verdetto definitivo sul senso della loro esistenza. Anche il timore (anti-cristiano) di Dio sorge da questa proiezione. Eppure questo timore – come il timore di ogni giudizio emesso dall'Altro – è in realtà un rifugio di fronte alla ben piú cruda e difficile constatazione che siamo, come diceva Sartre, «soli e senza scuse».

Tu eri il nostro «membro interno», come si diceva allora. Io avevo deciso di portare, oltre alle due materie imposte dal regolamento, «storia» come materia facoltativa. Non era frequente. Anzi. Mi spiegavi che i commissari non avevano mai dovuto affrontare una situazione del genere. Storia: dalla prima guerra di indipendenza alla battaglia di Valle Giulia. Anche lí ritrovavo il tuo nome! Arrivai all'esame con un enorme zaino da alpino riempito sino all'orlo dei libri che avevano accompagnato i miei studi. Tu mi guardavi con un certo orgoglio misto a preoccupazione. Presi 59 su 60. Fui il primo di tutto il mio istituto. L'anomalia di quella valutazione fu per me una soddisfazione nella soddisfazione. Mancava qualcosa, era un -1, un punto sospeso, una sottrazione minima, un dettaglio. Per me, la conferma che la mia stortura era stata rispettata.

In quegli anni sei stata, Giulia, il mio amore segreto, il pane, la scodella del caffellatte, la sciarpa, l'eskimo, le scarpe, i quaderni di appunti, i miei libri, i miei dischi, le prime infatuazioni letterarie, l'interlocutrice silenziosa che accompagnava i miei pensieri, la voce che dolcemente mi invadeva, il volto e lo sguardo che mi riempivano.

Sto per compiere i miei cinquant'anni e mi sei venuta in mente dopo diverso tempo. Decido di cercarti senza avere piú tue notizie per dirti che in questi anni sei stata sempre con me. Ma trovo e leggo sul blog della tua scuola le testimonianze di tuoi colleghi, ex allievi, genitori di ex allievi. I miei occhi si riempiono impietosamente di lacrime. Sei morta. Era da tempo che i nostri contatti si erano sospesi. Inghiottito dalla frenesia della vita avevo smesso di scriverti e di inviarti i miei libri come mi era diventata abitudine fare per anni. Non sapevo se vivessi ancora in viale Bligny o se avessi cambiato casa. Ti tenevo con me lo stesso, mi dicevo. Il tuo fuoco non si era spento. Ogni tanto arrivavano dalla memoria delle nostre immagini a tenermi compagnia. Ma sapevo che c'eri nel mondo e questo bastava. Mi ricordavo di te e sapevo che vivevi, insegnavi, amavi ed era sufficiente. Adesso sono invece di fronte alla tua morte. Non sei piú di questo mondo. Sei diventata un'assenza, un buco, un vuoto. Com'è stato possibile? Cosí bella, cosí piena di intelligenza e di vita? Cerco nei commenti che leggo su di te qualche dettaglio in piú per ricordarti meglio. Cerco di vederti com'eri adesso, dopo trent'anni dal nostro primo incontro, ma non ti trovo. Non c'è nemmeno una tua immagine. Penso per un momento che forse può essere un caso di omonimia. Magari non sei tu, ma un'altra. Al telefono il giovane Preside che gentilmente mi risponde mi conferma che sei proprio tu che sei morta e cosí senza saperlo uccide freddamente la mia ultima speranza. Mi dice che avevi insegnato in quell'Istituto dalla fine degli anni Novanta e che una malattia rapida e spietata ti aveva portata via. Probabilmente, mi dice, ti dedicheranno in memoria la biblioteca della scuola e molto pudicamente mi ringrazia del mio interessamento e mi congeda senza darmi modo di sapere di piú dei tuoi ultimi anni di vita. Mi racconta solo che verso la fine della malattia avevi voluto sospendere ogni contatto con il mondo; nessun funerale, nessuna cerimonia, nessun congedo da questa vita. Volevi solo essere dimenticata. Niente messe in scena, niente di niente, niente cerimonie. Te ne sei andata senza voler lasciare tracce, scomparendo nel nulla.

Sono adesso sul treno tra Bologna e Roma per andare a parlare a un convegno. Dovrei riguardare gli appunti e sistemare le mie note. Invece arrivi e mi trascini via. Sei solo tu nella mia testa, tu che non sei piú di questo mondo e questo mondo che hai lasciato che non è piú lo stesso senza di te. Una frase di Samuel Beckett rimbomba dentro di me: «Impossibile continuare senza di te e impossibile non continuare senza di te». Sono adesso tra questi due impossibili. Il mio vicino getta ogni tanto un occhio curioso e stupito verso di me che, nascondendomi come posso, continuo a scrivere di te in maniera confusa e alterata. Gli appunti sul mio discorso per il convegno rimangono abbandonati alla rinfusa. Voglio solo scrivere di te, senza computer, a penna, come facevo da ragazzo, sul retro dei fogli che avevo preparato per il mio intervento. Scrivo il tuo nome, scrivo che senza di te non sarei qui, non sarei dove sono, non farei probabilmente quello che faccio, non sarei diventato quella «cosa» che sono diventato... Scrivo di te mentre adesso c'è solo il tuo nome con me.

Dopo di te, Giulia, ho avuto solo maestri, uomini intendo. Tu sei il mio solo vero maestro femminile. Oggi dico: il piú importante. Sei stata un nuovo alimento per me, un cibo sconosciuto di cui ignoravo l'esistenza. I libri erano oggetti inesistenti in casa mia. Tu mi hai insegnato per prima l'amore per i libri. Certo, i miei veri maestri sono venuti dopo di te. Ma ho potuto incontrarli solo perché avevo incontrato te per prima. Quello che oggi mi strazia è di non essere piú riuscito a parlarti, di non averti piú cercata con la giusta ostinazione, di averti lasciata andare, di aver accettato la legge consueta della vita. Ma io non credo che la semplice presenza, il visibile, esaurisca le forme dell'essere. Credo che questo libro ti arrivi come ti arrivavano gli altri. È quello che il padre di *La strada* dice al figlio congedandosi. Il pensiero, la parola, il nome ci tengono uniti da un filo invisibile. Quello che ho dato ad altri miei maestri è stato immensamente superiore per energia, tempo, impegno, sacrificio, a quello che ho dato a te. Eppure tu eri il maestro che meritava di piú, il maestro che meritava davvero l'amore incondizionato, la mia amicizia, la mia cura, la mia attenzione. Non ho avuto cura di te, Giulia. Ma in tutto quello che ho fatto e continuo a fare ci sei ancora tu. Sei stata il mio primo incontro, quello dove ne va dell'esistenza.

Sei tu il mio solo pensiero oggi. Fuori piove e il freddo di dicembre stringe il suo pugno su Milano. Sei tu e la tua voce che ho nella testa. Quella voce che si levava in classe dal tuo corpo minuto con grazia e piccoli acuti. Sei ancora tu in questa domenica mattina il mio primo pensiero mentre i miei figli giocano con me e mia moglie nella nostra casa. Tommaso davanti al camino mi chiede perché il fuoco mi piace cosí tanto. Gli rispondo: «Perché mi piace stare a guardarlo insieme a voi, a te, a tua sorella e a tua madre». Sono con chi amo sprofondato nelle mie abitudini e penso alle tue. Quali saranno state? Con chi passavi le tue domeniche? Che madre sei stata? Cos'hai amato oltre l'insegnamento? Ma hai amato qualcos'altro come hai amato l'insegnamento? Non so rispondere a queste domande, non so nulla di te. So solo che tu hai saputo riaccendere il fuoco che permette di stare assieme. Si era spento e il nostro incontro lo ha riacceso. Ero fermo e il nostro incontro mi ha consentito di ripartire. Sei oggi questa massa di pensieri fitti che si spinge dentro di me, ma come da fuori di me. Sei una presenza che insiste a vivere in me. Sei Giulia, solo Giulia. L'amore è sempre, direbbe Lacan, l'amore per il nome.

Epilogo

La bellezza della stortura

La nostra Scuola non risponde piú all'illusione dell'ammaestramento disciplinare delle vite. Lo abbiamo piú volte ricordato in questo libro: il principio di prestazione ha prevalso su quello conformistico della normalizzazione, o, se si preferisce, è diventato una nuova norma sociale. Oggi la vite storta è la vita che non rispetta l'imperativo della produttività; è la vita che si perde, si smarrisce, si disorienta inutilmente. Ma la formazione invece non avviene sempre attraverso il tempo del fallimento e dell'inciampo? Non sono quelli i momenti dove il soggetto si può davvero confrontare con la verità del suo desiderio ponendosi la domanda: che cosa desidero al di là di cosa l'Altro vuole che io desideri? Qual è il mio proprio desiderio? La Scuola è il luogo dove, molto frequentemente, nell'età della giovinezza il nodo di questa domanda viene al pettine. Possiamo incontrare ragazzi e ragazze che ricordano la loro bocciatura come un tempo fondamentale per la comprensione del loro desiderio, come un'esperienza dove l'esigenza di soddisfare la domanda dell'Altro lascia il posto a una disidentificazione che libera il soggetto dall'obbligo di servire (inconsciamente o consciamente) le attese dell'Altro. Come possiamo soprattutto raccogliere facilmente le testimonianze di ragazzi e ragazze che raccontano come l'incontro con un'ora di lezione abbia modificato per sempre il cammino della loro vita. La Scuola non serve innanzitutto a questo? Non serve a produrre un soggetto, un desiderio singolare, una passione che può orientare la vita? L'incontro tra generazioni diverse, tra insegnanti e allievi, ma anche quello tra il soggetto e l'alterità reale e simbolica dell'istituzione, obbliga a decentrarsi dal proprio Io e a rompere il legame con il gruppo familiare. Un'apertura inedita diventa possibile e in essa può emergere un'attitudine, una vocazione, un'inclinazione singolare. In una parola: il desiderio del soggetto. Mobilitato dall'incontro con la parola dell'insegnante e dalla scoperta della dimensione erotica del sapere è questo desiderio singolare che appare sulla scena. Esso nasce per lo più sempre storto. Non è mai conforme a quello che l'Altro può attendere. Questa stortura appartiene di diritto al ritratto del figlio, di ogni figlio[1]. La forza dell'educazione non è recuperarla a un ideale standard di normalità, ma potenziarla, difenderla, amarla. Ecco una buona definizione dell'educazione: *amare la stortura della vite*. È il compito che attende per primi i genitori e che in un secondo tempo investe la Scuola. Oggi il pericolo non è più concepire l'educazione come il calco autoritario della tradizione, ma quello di assimilarla all'esaltazione del principio di prestazione che trasforma la vita in una gara perpetua.

---

[1] In *Tempo di imparare* Valeria Parrella racconta il rapporto difficile e appassionato di una madre col suo bambino disabile. Quello che la madre impara dal figlio è accogliere sino in fondo la sua stortura facendola diventare il luogo stesso della bellezza: «Il più grande contraltare di bellezza al gravare della disabilità, sei stato tu e sei tu stesso. Quale canone dovettero inventarsi gli antichi, che stesse lí a fondare il normale, se poi tutto ciò che ha saputo rivelare la normalità è stata la sua assenza? Una Nike senza testa ma con le ali, una Venere senza braccia, un Mosè sfregiato. È il corpo di Frida Kahlo trapunto di ferro come fanno le stelle con il cielo. In questo stesso esatto senso io dico che tu con il tuo passo incerto, con il tuo occhio sghembo, la parola tua attorcigliata, sei l'essenza del quadro» (*Tempo di imparare*, Einaudi, Torino 2013, p. 14).

Diversamente la stortura della vite esige l'eccezione, lo scarto, la divergenza, l'eresia. Non è forse un'eresia a essere sempre in causa in ogni processo di soggettivazione? Non è questa la posta in gioco di ogni eredità? Reinventare quello che abbiamo ricevuto dall'Altro in modo singolare, sintomatico, generare uno stile proprio, realizzare la vocazione del desiderio, rendere la nostra vita una vite storta.

Ringraziamenti.

Ringrazio di cuore le maestre e i maestri che ho avuto, senza le quali e i quali la mia vita non sarebbe stata la stessa. A loro va la mia profonda riconoscenza: Maria Teresa Farina (Scuola elementare di Cernusco sul Naviglio), Fernanda Fossati (Scuola elementare di Cernusco sul Naviglio), Rino Rega (Scuola media di Cernusco sul Naviglio), Giulia Terzaghi (Istituto statale Agrario di Quarto Oggiaro), Franco Fergnani (Facoltà di Lettere e Filosofia dell'Università statale di Milano), Jacques-Alain Miller (Associazione Mondiale di Psicoanalisi).

Indice dei nomi

Indice

Stampato per conto della Casa editrice Einaudi
presso ELCOGRAF S.p.A. - Stabilimento di Cles (Tn)

C.L. 21489

Edizione   Anno

3   4   5   6   7   8   9   2014   2015   2016   2017